U0901984

名人传

施韦泽

人类爱的典范

赵淑侠 著　　安高卡通 绘

人民文学出版社
PEOPLE'S LITERATURE PUBLISHING HOUSE

著作权合同登记:图字 01-2018-9004 号

图书在版编目(CIP)数据

施韦泽:人类爱的典范/赵淑侠著;安高卡通绘.
—北京:人民文学出版社,2019
(名人传)
ISBN 978-7-02-015118-9

Ⅰ.①施… Ⅱ.①赵… ②安… Ⅲ.①施韦策(Schweitzer, Albert 1875-1965)-传记 Ⅳ.①K835.656.2

中国版本图书馆 CIP 数据核字(2019)第 050552 号

责任编辑 **朱卫净 潘丽萍**
装帧设计 **汪佳诗**

出版发行 **人民文学出版社**
社　　址 **北京市朝内大街 166 号**
邮政编码 **100705**
网　　址 **http://www.rw-cn.com**
印　　制 **莱芜市圣龙印务有限责任公司**
经　　销 **全国新华书店等**
字　　数 **55 千字**
开　　本 **890 毫米×1240 毫米 1/32**
印　　张 **4.125**
版　　次 **2019 年 7 月北京第 1 版**
印　　次 **2019 年 7 月第 1 次印刷**
书　　号 **978-7-02-015118-9**
定　　价 **28.00 元**

如有印装质量问题,请与本社图书销售中心调换。电话:010-65233595

序

不论世界如何演变，科技如何发达，但凡养成了阅读习惯，这将是一生中享用不尽的财富。

三民书局的刘振强董事长，想必也是一位深信读书是人生最大财富的人，在读书人数往下滑落的多元化时代，他仍然坚信读书的重要性。刘董事长也时常感念，在他困苦贫穷的青少年时期，是书使他坚强向上，在社会普遍困苦、生活简陋的年代，也是书成了他最好的良伴。他希望在他的有生之年，分享这份资产，让其他读者可以充分使用。

“名人传”系列规划出版有关文学、艺术、人文、政治与科学等各行各业有贡献的人物故事，邀请各领域专业的学者、作家同心协力编写，费时多年，分梯次出版。在越来越多元化的世界中，每个人都有各自的才华与潜力，每个朝代也都有其可歌可泣的故事，但是在故事背后所具有的一个共同点，就是每个传记主人公在困苦中不屈不挠的经历，这些经历经由各位作者用心博览有关资料，再三推敲求证，再以文学之笔，写出了有趣而感人的故事。

西谚有云：世界因有各式各样不同的人群，才更加多彩多姿。这套书就是以“人”的故事为主旨，不刻意美化主人公，以他们的生活经历为主轴，深入描写他们成长的环境、家庭教育与童年生活，深入探索是什么因素造成了他们与众不同，是什么力量驱动了他们锲而不舍地前行。以日常生活中的小故事来描绘出这些人物为什么能使梦想成真，尤其在阅读这些作品时，能于心领神会中得到灵感。

和一般从外文翻译出来的伟人传记所不同的是，此套书的特色是由熟悉文学的作者用心收集资料，将知识融入有趣的故事，并以文学之笔，深入浅出写出适合大多数人阅读的人物传记。在探讨每位人物的内在心理因素之余，也希望读者从阅读中激励出个人内在的潜力和梦想。我相信每个人都会发呆做梦，当你发呆和做梦的同时，书是你最私密的好友。在阅读中，没有批判和讥讽，却可随书中的主人公海阔天空一起遨游，或狂想或计划，而成为心灵

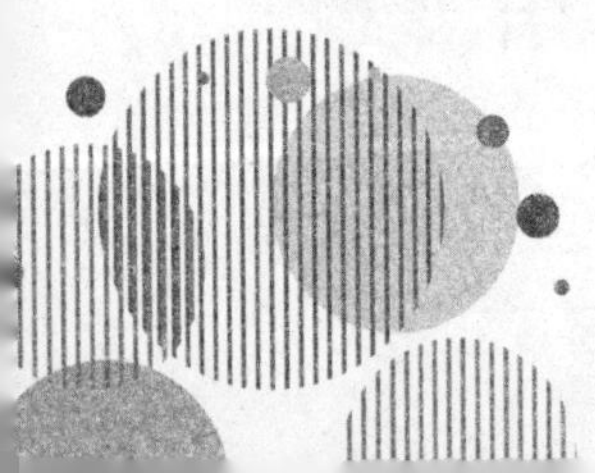

知交。不仅留下从阅读中得到的神交良伴（一个回忆），如果能家人共读，读后一起讨论，绵绵相传，留下共同回忆，何尝不是一派幸福的场景？

谨以此套“名人传”丛书送给所有爱读书的人。你们都是世界上最幸福的人，因为一直有书为伴，与爱同行。

目　录

名人传
施韦泽
1875—1965

1. 谁是阿尔贝特·施韦泽

谁是阿尔贝特·施韦泽？他是一位仁慈、敦厚、充满爱心、成就了助人救世的大事业的人。事实上，阿尔贝特·施韦泽的名字传遍了地球上的每个角落。他是诺贝尔和平奖及著名的德国出版协会歌德奖的得主。他一生写了许多书，这些书还被翻译成多种语言。各国记述阿尔贝特·施韦泽生平事迹的传记，加在一起恐怕要达到数百种。

阿尔贝特·施韦泽得到举世的尊敬与赞扬，被认为是“20世纪最有智慧的人物之一”“世界上最无私的人”“一个爱人胜于爱己的人”“一个真正献身于世的人”，等等。非洲人对他的敬爱与崇拜更不用说，他们称他为“上帝派来的使者”“守护我们的神”“敬爱的慈父”“亲爱的医生先生”……称号太多，无法一一列举，不过由此可知，非洲人民对阿尔贝特·施韦泽的爱是多么深沉。

中国民间有句非常有智慧的谚语:“种瓜得瓜,种豆得豆。”这句话的意思不是要我们为别人做点事就等着对方的回报,而是说,付出多少就会得到多少,种下什么因就会收什么果,如果不肯付出,当然毫无收获;总之,就是鼓励世人不要吝啬付出,要多做善事的意思。阿尔贝特·施韦泽能获得非洲人民如此的尊仰厚爱,当然不是没有原因的。阿尔贝特·施韦泽在非洲做了许多善事,让他的大名在非洲无人不知,无人不晓。有关他的故事,当地居民都能如数家珍,津津乐道。

在那个多难的时代里,无论是战争还是和平,也不管别人在做什么,阿尔贝特·施韦泽始终在非洲为那些长久被遗忘的人贡献一己的力量,给他们治病,关心他们的教育,把爱的种子撒向遥远而又贫穷的荒芜角落。他的宽宏仁慈就像大海般无垠无际。无论生前死后,阿尔贝特·施韦泽一直没离开他们,他的坟墓就在非洲加蓬的兰巴雷内。

阿尔贝特·施韦泽大半的人生都是在非洲度过的,不过当我们要讲起他一生的故事时，还是得从他的成长背景开始。接下来，为了显得亲切，我们直接叫他“阿尔贝特”。

阿尔贝特出生在德、法两国交界的城市——阿尔萨斯省的凯泽尔贝格。这个城市我们并不陌生，就是名著《最后一课》记载的最后一次上法语课的地方。在阿尔贝特出生前的许多年，阿尔萨斯是法国领土，后来因法国战败割让给德国。阿尔贝特出生时，此地属于德国，第二次世界大战后又归还法国。

阿尔贝特的父亲洛第维西是阿尔萨斯郊外一间小教堂的副牧师。母亲安黛蕾是一位勤恳贤慧的家庭主妇，长裙外整天系着一条花布围裙。她终日忙于烹饪、清洁和烘烤美味的水果蛋糕。阿尔贝特出生前，施韦泽牧师夫妇已经有一个女儿，阿尔贝特是他们的第二个孩子。比他大一岁的姐姐总是守在摇篮边，咿咿呀呀地和他讲话。母亲温柔地把他抱在怀里，用充满怜爱的眼光凝视着那张又干又瘦、气色一点也不健康的小脸，忧虑地说：“这孩子怕是有病，怎么生出来就像个小老头？”

“别担心，神会保佑他。去看看医生吧！”牧师这样安慰他的妻子。其实，施韦泽牧师家生了一个体弱多病的孩子的消息已经传遍了教区，大家都说：“这孩子恐怕很难长大。”

阿尔贝特看上去的确像个容易夭折的孩子，他的父母虽然非常担心，却没有什么方法能让他强壮起来。阿尔贝特出生后不久，他父亲升为正牧师，被调回家乡——德国中部大城明斯特附近的甘斯巴赫镇服务。

甘斯巴赫地处高原，被层层的山丘及成片的葡萄田包围，空气清爽新鲜，所出产的牛奶也特别有营养。这个环境对阿尔贝特的健康很有帮助，没多久，他的身体就变得强壮起来了。他母亲后来又生了三个妹妹和一个弟弟，阿尔贝特便和姐妹兄弟们在甘斯巴赫度过了快乐的童年。

阿尔贝特从小就显得和一般孩子不一样，他在七八岁的时候就表现出超龄的反省力、领悟力以及丰富的同情心。

在那个生活缺乏保障与福利，也没有养老金及医疗保

险的年代，一般家庭的生活都很艰难。但牧师在当时享有崇高的社会地位，他们的收入虽称不上丰厚，却也比一般人家宽裕许多。所以施韦泽牧师家可以长年雇用仆人，孩子们也可以买一些高级的衣服和鞋帽。别人称呼牧师家的孩子为“少爷”和“小姐”，还会对他们表现出尊敬之情，这些待遇都令左邻右舍十分羡慕。可是，年幼的阿尔贝特却从心里排斥这种阶级和物质享受上的区别。他非但不因自己的身份和较好的生活环境为傲，相反，他感到很有罪恶感。

当他听到别的玩伴没有肉汤可喝，他在自家的餐桌上就拒绝喝肉汤；他也不戴母亲从店里买来的高级帽子，还说：“我要戴和别人一样的帽子。为什么我要和别人不同？”

阿尔贝特天生有一颗悲天悯人的心，别的孩子用弹弓打小鸟，他不愿意效法，理由是：小鸟那么可爱，为什么要打死或伤害它？他也不喜欢别人称他为“少爷”，而喜欢听人亲切地叫他“阿尔贝特”。

“阿尔贝特真是一个怪孩子，和别的孩子都不一样，小小年纪已是满肚子的道理。”母亲忍不住笑着对父亲说。

“随他吧。也许他生来就是个特别接近上帝、特别爱人的孩子。”阿尔贝特的父亲说。

父亲说得没错，阿尔贝特的确是个特别接近上帝的孩子。在幼年时，他每个周日跟随父母到教堂做礼拜，对牧师讲道的内容虽然不是全部都懂，却一点也不觉得枯燥。每次在教堂里看到熟悉的面孔，听到美妙的圣歌，都会让他满心欢喜。尤其当管风琴庄严的乐声响起，他的心里就像有股小小的热流轻轻流过，温暖无比。在阿尔贝特的身高还攀不到琴键的年纪，他就已显露出对风琴的强烈兴趣，每当别人弹奏时，他便用一只小手打着拍子，有时还会跟着琴音一起哼哼唱唱。

阿尔贝特在父母的关爱和良好的家教之下，逐渐地成长。他在少年时期不像许多学者名人那样好学勤奋，或表现出过人的机智，也不像一般年轻人那样活泼好动。但他比实际年龄还要成熟的外表和不时流露出的深沉眼神，应该属于“少年老成”的人。

假如我们真的以为阿尔贝特是个沉默寡言、毫无

主见、习惯逆来顺受的人，那可就大错特错了。在他的内心深处，其实有个非常独特的思考逻辑，别说同龄的孩子们，就是大人们也难以理解他究竟在想些什么。

阿尔贝特的情感丰富、感觉敏锐，一件在别的孩子看来一点也不重要的事，在阿尔贝特的心里却往往能激起波涛。他不但努力研究问题的根本，还要寻找解决的方法。“生命”是他想得最多也最感到困惑的问题。

生长于宗教世家，爸爸、爷爷都是牧师，阿尔贝特从一出生就生活在宗教的氛围中。他深信，不仅人的生命是由上帝所赐予，但凡人类所需的爱和一切对人类社会有益处的、能够帮助物质和精神发展得更好的事物，都是神的恩宠。他从不怀疑神爱世人。但让他不解的是，神既然爱世人，对世人如此宽厚仁慈，为什么人世间始终存在着不平与黑暗，为什么还是有这么多受苦受难、为贫穷和病痛所折磨的人。

甘斯巴赫是个四面环山的小镇，茂密的森林是孩子们游戏的天堂。森林中常有小动物出没，如野兔、松鼠、长角鹿、小狐狸等，还有许多有着美丽羽毛的小鸟。在这里，孩子们和猎人们经常用弹弓或枪，猎杀这些没有反抗能力的无辜生命。阿尔贝特想，这些动物无辜也无害，和人类一样热爱生命和自由，为什么人类要残忍地杀害它们？那会使他们感到快乐、有征服感吗？难道身为人类，就有高于其他物种的优越地位吗？

当同龄的青少年在为青春烦恼时，阿尔贝特却在努力思考这些有关生命根源的问题，最后他终于找到答案：世界太大，上帝顾不到每个角落，所以有许多的事需要我们来帮忙。

他说过这么一句话："我们必须共同担负起存在于这世界上的不幸与悲哀的沉重担子。"这句名言至今仍悬挂在甘斯巴赫"施韦泽之家"的墙壁上。阿尔贝特一生依着这个信念前进，成就了他后来济世救人的伟大事业。

2. 终生挚爱管风琴

世人都知道阿尔贝特是医生、作家和神学家，但知道他也是音乐家的人并不多。主要是因为他的成就和才能太广泛，让人忽略了他在音乐领域的杰出表现。阿尔贝特会好几种乐器，如钢琴、小提琴和横笛等。可是真正精通并多次登台演奏的，是他最早接触的乐器——管风琴。

阿尔贝特喜爱管风琴，可以说是家学渊源。他的外祖父希林基牧师是著名的管风琴研究者和演奏家，虽然算不上音乐大师，却把一生都献给了管风琴。希林基牧师不仅经常在教堂和家里演奏管风琴，还深入研究管风琴的构造，能够自己动手制作。他有个习惯，不管到什么地方，只要那儿有架管风琴，他一定会仔细观看研究。阿尔贝特之所以能成为出名的管风琴家，固然是因为他在这方面有天分，但外祖父对他的影响也是一个重要的原因。

希林基牧师很早就过世了，所以阿尔贝特没有直接受外祖父教导，他只能从童年回忆中捕捉一些朦胧的影子。他记得外祖父曾牵着他的小手，爬上碧草如茵的小山冈，走进有尖屋顶和五彩玻璃的古老教堂，弹奏管风琴给他听。他站在外祖父身边，着迷地看着他手和脚的姿态，清越而又典丽的琴声从琴中流泻出，冲击他小小的心灵，使他产生一种无法言喻、感动无比的快乐情绪。

阿尔贝特五岁开始学琴，启蒙老师是自己的父亲。那时他弹的只是个箱型的土制小风琴，是外祖父遗留下来的。简陋的乐器一点也没影响到阿尔贝特学习的兴趣和进度。他一上手就表现不凡，记谱的能力也强，练习几次之后，就能不看谱而弹出整首曲子。六岁那年，阿尔贝特上了小学，每逢音乐课，他都会大显身手，弹奏一些连老师都不大会弹的曲子给大家听。有时老师弹钢琴，他就以风琴伴奏，他的表现让那位文静的女老师十分高兴。有次见到阿尔贝特的父亲，女老师当面赞美说："阿尔贝特在弹琴方面有天分，将来会成为名家。"

父亲听了当然很高兴，其实他早就看出儿子在音乐上的过人才华，还曾几次对妻子调侃说：“说不定我们的儿子是另一个莫扎特，那我就是莫扎特那个无才的父亲了。”莫扎特的启蒙老师也是自己的父亲，儿子有绝世的才华，父亲却很平庸，两人相差极大，是世人皆知的事。但做父亲的只会为此骄傲，丝毫没有妒忌之心。每当他父亲这么说，母亲一定会说：“阿尔贝特遗传了他外祖父的音乐天分，你又教得好，我是多么以你们为荣啊！”

阿尔贝特八岁开始学习教堂里的管风琴，一年后，就被指定为教会里的代理司琴，这对九岁的阿尔贝特来说是个极大的鼓励，使他更投入于弹奏管风琴。他勤于练习，偶尔还会在礼拜时代替司琴人员弹琴，在体积庞大的管风琴前，他觉得意气风发、志得意满。无论在学校、教堂还是其他场所，只要他弹起琴，总是赢得一片赞美声。他越来越有信心，甚至有点骄傲，以为自己能成为未来的管风琴大师。

于是他在弹琴前既不先看曲谱，也不研究乐章的内含，总是边看谱边弹，有时干脆连谱也不看，只按照自己的感觉弹奏乐曲。这个情形直到阿尔贝特上七年制的正规中学时才突然转变。

新学期开始的音乐课，阿尔贝特一心期待着音乐老师的到来。他想，这位初次见面的老师一定会像以前听过他弹琴的人一样，大大地赞美他的琴艺。

老师进来了，是位瘦长身材的中年人，名叫欧仁·明希，据说是柏林音乐学院的毕业生。他除了在学校担任音乐教师外，也在有名的圣斯蒂芬大教堂担任管风琴演奏手。明希先生扫视了一遍他的学生，让大家站起来介绍自己学过什么乐器，练习了几年。轮到阿尔贝特时，他从容地说："我五岁就开始学琴，已经有七八年的时间了。"老师听了直点头，并立刻叫他弹奏一曲。

阿尔贝特弹了一段莫扎特的奏鸣曲，弹完就直挺挺地坐在琴椅上，等着老师的赞美。出乎意料的是，明希先生一句话也没说，只"嗯"了两声，就叫下一位同学表演。明希老师的态度使阿尔贝特第一次尝到自学琴以来的挫折感。"这是怎么回事？我弹错了什么吗？"他茫然地自问。

这件事困扰了阿尔贝特好几天，直到明希先生叫他去谈话。“看得出来，你是个有天分的孩子，可是你的学习态度不对。你弹莫扎特的作品没弹出曲子的精神，你按琴键就像铁匠用石锤敲打烧热的铁。只听见铿铿锵锵的声音，听不出曲子中的感情。”

阿尔贝特被说得满脸通红，好一会儿才冒出一句：“那怎么办？我一向都是这么弹的。”

“别着急，你很有天分，有办法解决的。”明希先生和善地安慰阿尔贝特，接着告诉他弹琴必须注意的事情。其中最重要的一点就是，不要一拿到曲谱就立刻弹奏，而要仔细地研究、体会和了解这首曲子，并知道该用什么方式弹奏它。“不要把风琴当成表现技巧的工具，而要把你的感情放进去，通过弹奏，让感情和曲子融为一体。有感情的音乐才是真正的优美动人。任何一个要做音乐家的人都得做到这一点。你能吗？”明希老师慈祥地看着他。

“我会努力的。”阿尔贝特连连点头。

明希老师的一番话让阿尔贝特茅塞顿开，也让他逐渐懂得音乐的精髓。此后，他就照着老师所教的方法勤快地练习。当别的孩子在操场上玩耍嬉闹时，他多半在琴房努力练琴。老师很快就看出了他的进步，一方面继续鼓励他，另一方面也给他一些新曲谱让他练习。阿尔贝特弹了门德尔松的《E大调无词歌》，也弹了其他名家的作品，弹得最多的当然还是他熟悉的莫扎特的作品。

有一天，老师从背后走来，拍拍他的肩膀，交给他一叠巴赫作品的曲谱。阿尔贝特发现在弹奏巴赫的作品时有种特别的感动，他每天辛勤练习，不知不觉就成了巴赫迷，只要见到巴赫的作品，不管属于哪种类型，都要在风琴上弹一弹。日后，阿尔贝特成了举世闻名的巴赫乐曲的演奏家和巴赫专家，这与他少年时代对巴赫的崇拜不无关系。

十五岁时，阿尔贝特正式拜明希为师。老师非常疼爱他，还为他安排表演机会。先是在圣斯蒂芬大教堂的管风琴上教他弹琴，一年后，就常常让他在礼拜时代替自己担任司琴。每当这个时候，阿尔贝特的内心就感到激动不已。

一个十六岁的少年，在美轮美奂的大教堂里，数百人

的集会中，坐在管风琴前慎重地弹奏圣乐，庄严和谐的声音从巨大的金属管中发出，激荡着阿尔贝特年轻的心。他觉得胸膛宽敞得像无垠的天空，思绪仿佛是长了羽翼的鸟儿，恣意地翱翔。幸福与温暖充满他的胸腔，他是多么幸运啊！可是，他又想到世界上有那么多贫病和穷苦的人，他渴望把自己的幸运与众人分享。救世的情怀融入他的手指，使他的琴音格外感人。

阿尔贝特生平第一次音乐会便是在这时举行的，由明希老师亲自指挥教堂的圣乐队。当地报纸和教堂外的告示牌上都用醒目的标题写着“阿尔贝特·施韦泽个人管风琴演奏会”，并由圣乐队演唱勃拉姆斯的《安魂曲》。

整场演奏十分成功，并得到各方好评，阿尔贝特为此既兴奋又感动。直到晚年，当他提起生平第一次演奏会时，仍津津乐道、眉飞色舞。

胸怀大志的阿尔贝特并不因此而满足，明希老师只能算是为他打开了音乐之门，真正带他进入音乐殿堂、助他创造自己的艺术天空的，是后来的几位音乐家。其中最重要、指导时间最长的，是巴黎的夏尔·维多尔。

1893年，阿尔贝特通过高中毕业会考，决定在秋天进入著名的萨尔斯堡大学。开学之前，他兴致勃勃地到巴黎一趟，想要拜访心仪已久的管风琴大师维多尔先生。维多尔是当时的管风琴大师，作风严谨，不肯轻易收学生，两次拒阿尔贝特于门外。但阿尔贝特并不死心，不断地请求维多尔指点，维多尔终于被这好学的青年感动了，叫他试弹一曲巴赫的作品。阿尔贝特弹到一半，原来靠在椅背上的维多尔挺直了腰杆，等曲子结束，他轻拍阿尔贝特的肩膀说："安排时间来上课吧！"从这一刻起，阿尔贝特才真正走上音乐之路，刻苦勤练，努力达到老师的种种要求。

然而，阿尔贝特需要努力的事情并不只有音乐。萨尔斯堡大学的神学系和哲学系历来名声响亮，教授中不乏大师级的学者，这两门科目又是阿尔贝特最渴望学习的。所以他同时主修两个学系，周末则买张三等票，搭火车到巴黎上音乐课。体力上的沉重负担把他压得疲惫不堪，经济上的拮据更使他难以应付。父亲做牧师的收入供他上有名的大学已经不容易，实在无法再额外支付金钱让阿尔贝特学习音乐；阿尔贝特也从不向父母开口要求帮助，只是拼命地节省，往往把每日三顿饭减为两餐，饿着肚子练琴。

维多尔老师很快就知道阿尔贝特的困境，不仅免去他的学费，还经常带他到卢森堡公园旁的一家餐馆去吃烤羊排。“你要敞开胃口吃，法国菜出名得很！哈哈！”维多尔老师看他吃得津津有味的样子，高兴地开起玩笑来。

维多尔知道阿尔贝特的前途不可限量，将来在艺术上必成大器，因此早就把这个学生视为传人，除了将自己所知倾囊相授外，还介绍他去其他几位音乐家那里学习。例如被公认为首席钢琴家的玛丽·特劳特曼女士。她是一代音乐大师弗朗茨·李斯特的入室弟子，退休后专心研究手指接触琴键时的姿态和感觉。“你如果想成为第一流的风琴演奏家，非得彻底弄清楚手指接触琴键的诀窍不可。”维多尔老师语重心长的告诫让阿尔贝特明白，世界上没有轻而易举的成功，也不应该抱着侥幸的念头。音乐之路既长且远，要一步一个脚印，实实在在地踩下去才行。

3. 最幸福的人

许多人在年轻的时候常觉得彷徨、无助、苦闷，但年轻的阿尔贝特却认为自己是最幸福的人。他从小就表现得比同龄的孩子成熟，非常细心，喜欢观察身边的人，乃至各种动物，并寄予同情。念小学的时候，有位同学的母亲去世了，同学哭得很伤心，阿尔贝特也难过得几乎落泪，心里想："他失去母亲是多么不幸啊！"

阿尔贝特也很早就领悟到亲情是不可磨灭的天性，这种可贵的天性不仅存在于人类世界，也存在于动物世界。当他看到天空中飞翔的小鸟，就会想："它的窝里恐怕有它的妈妈或孩子在等着吧。"所以在别的玩伴用弹弓打鸟取乐时，阿尔贝特从不参与，即使因此被讥笑胆小，他也不改变心意。

小学毕业后，阿尔贝特和大部分的同学一样，进入当地三年制的职业中学。这类学校专门培育职业人才，毕业后，学生们到工厂、银行或商业机构去做学徒，三年期满，便可正式成为那个行业的技术人员。不过想升大学的人并不适合，因为这类学校不学拉丁文和希腊文，其他功课也比七年制的中学简单很多。

阿尔贝特的父母决心让他读大学，他在职业中学仅读了一年，一位在法国边界城市米尔豪森当小学校长的叔公也来催促："叫阿尔贝特快点来，越晚越跟不上进度。"婶婆也说："就让他在我们家吃住，我还可以照顾他。"叔公婶婆没有小孩，对阿尔贝特非常疼爱。阿尔贝特随着他们到米尔豪森，加紧预备功课，顺利地考入七年制中学。

然而，出乎意料的是，平日话不多、看起来温柔和蔼的婶婆，竟然比阿尔贝特所遇到的任何一位老师都要严厉。每天按时起床、上学、放学、做功课、练琴、吃饭、散步、睡觉，如果不照规矩做的话，婶婆就会说："阿尔贝特，你看看几点了，怎么还不加把劲！"或是："记住，弹琴不能光用手指，要用心。没有心的东西就不是艺术。”

刚开始的一个月，阿尔贝特感到很不耐烦，禁不住想念起在甘斯巴赫的家来。母亲每日忙于家务，并不督促孩子们要做什么事；父亲虽然比较严肃，但和婶婆相比，也温和得多。他想起晚饭桌上，母亲从厨房里端出热腾腾的菜肴，一家人围着桌子坐着，父亲带领全家，在香气扑鼻的小饭厅中做祈祷，是多么温馨啊！餐后弟弟妹妹们会缠着他，要他说故事，他总是不厌其烦地把讲过无数遍的《圣经》故事再生动地讲给他们听。从弟弟妹妹们崇拜的眼神中可以看出，这个大哥在他们的心中是多么博学多闻啊！哪像现在，这个大哥被管得像是什么都不懂的幼儿园学生。

有一天，婶婆敲了敲阿尔贝特的门，邀他一起去散步。“太阳多好啊！不出去走走太可惜了，回来再做功课吧！”婶婆的声音温和，表情也和往常一样平静，却让阿尔贝特有受宠若惊之感。

那是个典型的阿尔卑斯山区的秋天，万里无云，阳光从树叶的缝隙间洒落，把满是落叶的地面照耀得灿烂

耀眼。阿尔贝特和婶婆在林间漫步。“阿尔贝特，别怨婶婆管得太严，因为婶婆知道你是个不平凡的孩子。我说不平凡，不光是指你的天资，更重要的是你的个性。你的心很柔软，但也很大，将来会想做很多很多的事，这样的人必须学会分配时间，既要勤快又要细心，免得浪费自己的灵性和精神……”婶婆一边走一边闲聊似地说着。阿尔贝特听了非常惊讶，不懂婶婆怎么会看穿他心中的想法。

阿尔贝特很早就有自己独特的想法。七八岁时，他看到小鸟、小鹿、小狐狸之类的野生动物因为没有遮风避雨的地方而流离失所，便想为它们造个家。后来知道镇上的一些穷苦人家平常只吃奶酪和黑面包，很难得才能吃到肉，就希望有一天能养许多猪和牛，让家家户户都有肉吃。可是转念一想，即使是猪、牛也不能随意屠杀，他立刻为这个想法感到惭愧。

他也发现，有些小学同学因为家境贫穷，所以没办法读中学；也有一些功课优异的同学，因为家庭环境的限制，只能选择职业中学就读，而无法进大学深造。相比之下，他实在太幸运了，不只父母长辈们用尽心思来栽培他，帮他创造进大学的机会，婶婆还抚养他、督促他，帮他完成内心的伟大梦想。

阿尔贝特被婶婆的爱深深感动了，同时也为自己的幼稚无知感到愧疚。从此阿尔贝特再也不埋怨了，心甘情愿地听从婶婆的教导，两人之间渐渐有了默契。许多年后，阿尔贝特成为世界名人，在他写回忆录时仍提到："在我成长的岁月中，婶婆的教诲功不可没。她是位严肃的妇女，慈祥、智慧并有爱心。"

阿尔贝特的少年时期，大多在米尔豪森的叔公家度过，只有在学校放假时，才回到甘斯巴赫与父母及弟妹们团聚。放假时，在家乡苍翠的松树林中散步，享受母亲特地为他烹煮的酸菜和小白肠子。开学后回到米尔豪森，叔公婶婆便张开温暖的臂膀迎接他。在婶婆的督促下，他已学会熟练地支配时间，什么时候做什么事，一分钟也不浪费。他的功课不断进步，成绩优异。演奏风琴方面，阿尔贝特勤快地练琴，弹奏技巧渐有长进，常常得到老师的赞许。

忙碌的日子过得飞快，阿尔贝特自觉在叔公家的六年过得很充实。高中毕业后，又顺利地进了著名的萨尔斯堡大学主修神学，并拜在著名的《圣经》学者霍斯曼和哲学家第格雷门下。教授们知道他来自牧师家庭，以乡村牧师有限的薪资，要维持一家七八口人的生活并不容易，便帮助他申请奖学金，减少他的后顾之忧，使他能够更专心地学习。

十九岁那年，阿尔贝特去服了一年兵役，行李中除了换洗衣服外只有书。阅读、学习、思考的过程对他来说太有趣了。每当读到能启发心智、引人深思的好书，他便会被深深感动，感叹说："可学的东西太多了。人生有限，怎么学得完呢？"

阿尔贝特在学习中得到快乐和满足，但有时他也会想：在这个世界上，还有许多人生活在失望与磨难之中，我却在这里无忧无虑地吸收新知、过幸福的日子，这是多么不公平。我只安于自己的幸福，未免太自私了。

枉顾他人痛苦、只知独善其身的愧疚与不安，随着年龄的增长，渐渐地在阿尔贝特的心里生了根，成为他内心最大的困扰。努力学习、钻研学问、弹奏风琴，是他生命中不可或缺的一部分，而助人救世则是他应负起的责任，他希望能奉献自己，并做些实际的事情。他想，虽然救不了全世界的人，至少可以救一部分人。只可惜，没人能了解阿尔贝特的想法，大家都认为他是身在福中不知福。“要什么有什么正是主赐给你的恩惠，你还想要什么？”甚至连父亲都这么说。所以他决定独自寻找奉献世人的方法，不再对别人提一个字。

复活节的假期，阿尔贝特照例回家探望父母弟妹，一家团圆。那天，一觉醒来，已是阳光满室。春天的草香味，随着清脆的鸟鸣声，从窗外淡淡传来，沁人心脾。阿尔贝特被小屋里温馨的气氛所感动，觉得思绪比平常更加清明顺畅。就在这时，困扰他许久的疑惑也解决了：“我要把人生分成两段，三十岁之前努力学习，充实自己；三十岁之后把生命献给大众，去帮助不幸的人脱离苦难。”

目标决定了，阿尔贝特的心也定了，虽然还不知道要用什么方法实行，他能确定的是心意永不改变。三十岁后的阿尔贝特·施韦泽是属于大众的，不管用何种方式去服务人群，都会全力以赴。

4. 自筑人生路

当目标决定了，阿尔贝特的心情也顿时开朗起来。反正三十岁之前的时间是属于自己的，不必有任何顾虑，要做什么就放手去做。于是他努力念书，二十三岁时通过神学系的毕业考试，紧接着又通过牧师资格考试。但他不以此为满足，想继续攻读硕士，并争取到每年一千二百马克的研究奖学金，给他的题目是与“最后的晚餐”相关的考证和研究。

到巴黎拜在名家门下学习音乐技艺是阿尔贝特的宿愿，此时他真的去了。在巴黎，他学钢琴，也学风琴。那时，少年时期的恩师明希病逝了，阿尔贝特很怀念他，便用几个月的时间写了一本名为《欧仁·明希》的传记，表达对明希老师的纪念。阿尔贝特自小就有很多梦想，其中之一就是希望有一天能写出有价值的书。

《欧仁·明希》的出版对阿尔贝特是很大的鼓励。他告诉自己"只要肯做，天下无难事"，于是在读书、研究、工作之余，每天都抽出空闲时间写作。二十四岁时，他出版了《康德的宗教哲学》，二十五岁写出有关"最后的晚餐"的论文，题目是《根据19世纪科学研究和历史记载对最后的晚餐的考证》，并因这篇精彩的论文获得神学硕士学位。接着，他获得圣尼古拉教堂的副牧师职位，跟随两位老牧师做传教工作。

阿尔贝特的灵感源源不绝，几乎每年或隔一两年就出版一本作品。他坐在书桌前奋笔疾书时，总感到灵感如泉涌，那就是他最快乐的一刻。二十六岁时，他完成了极受宗教界重视的《救世主与受难的奥秘——耶稣生平的素描》，并于当年出版。因为这本书的论点很有创意，文字精简流畅，让他得到大学神学系讲师的工作。

二十七岁就当上大学讲师，才气与名声都受人肯定，换作是别人可能早就不可一世了，阿尔贝特却不然。他并不在意自己是否出名，或别人如何看待自己，他的注意力仍放在学习上。

阿尔贝特一方面教学、写作，一方面继续投入对音乐的研究，特别是对巴赫。巴赫的作品他弹得最多，巴赫也是他与维多尔老师共同的偶像。维多尔不懂德文，许多有关巴赫的资料都得靠阿尔贝特翻译，这更加深了阿尔贝特想写巴赫传记的念头。三十岁生日那天，他用法文撰写的《巴赫传》终于正式出版。

同一天，另一件值得祝贺的事就是他终于找到一条明确的助人之路。

在此以前，阿尔贝特尝试过几种助人的方法，譬如利用教会分派给他专用的房子，收养失去父母的孤儿，或骑着自行车，到需要帮助的人家去帮忙。但事情并不如他想的那么简单，因为收养孤儿要经过繁杂的手续，况且也不能由牧师个人做这件事，得由教会出面才行。至于挨家挨户帮忙，更令民众觉得不习惯。他们认为牧师的地位庄严而又尊贵，怎么能骑着自行车到平民的家里去服务？如果有人需要帮助，应该自己到教会专门提供协助的部门前排队申请才对。

阿尔贝特深深地感觉到他的想法与许多教会里的人不

同，他就是因为不忍心看民众排队枯等，才自己骑车挨家挨户服务。

经过几次失败，阿尔贝特觉得，服务群众，一定要有自己的构想和计划，不必属于任何组织，也不必与哪个机构或个人合作。于是他决定要以个人的力量，达到救世助人的理想。“有志者事竟成”，以他好强而又执着的个性，不怕做不成事情。可是到底要做什么，却还是没有明确的目标。直到三十岁生日的前几天，他顺手翻开一本其他教会寄来的小册子，里头有一篇报道非洲大陆的文章，当他看完这篇文章后，仿佛得到上帝亲临指点般，立刻清楚地知道自己未来要走的路。

文章的作者是巴黎传教会的会长，他不久前才从刚果视察回来，并将此行的所见所闻写下来。文中对非洲地区的贫穷、落后、无助及民智未开有详尽的描写：那里四季炎热，传染病整年流行，疟疾、霍乱以及一些罕见的热带传染病时时威胁着人们的生命。婴儿的死亡率奇高，孩子们没有足够的营养和食物，他们十分需要医疗人员和药品。然而，那么落后的蛮荒地区，生活既危险又不方便，

除非真有勇于献身的慈悲仁者，否则没人肯到那远离现代文明的黑色大陆。

阿尔贝特把文章从头到尾看了两遍，思绪非常清楚，他对自己说："每个生命都是主的儿女，为何有人要过那么痛苦的生活？去帮助他们正是我要做的。"

三十岁的阿尔贝特集神学家、哲学家、音乐家的头衔于一身，著作不断，表现杰出，在德、法两国已有相当的知名度。加上外表生得俊秀，气质脱俗，任何人都看出这个年轻人前程似锦，未来的成就难以限量。阿尔贝特很明白周遭所有的人对他的期待，包括自己的父母和师长，所以他一点也不敢透露要去非洲的计划，免得招来反对和阻拦。直到他申请进入医学院就读，才说出这个秘密。

当时，医学院的教授忍不住问他："我没听错吧？施韦泽牧师，你是说想到医学院做一名新生？为什么？"

"您没听错，我要到非洲去工作。那儿最缺的就是医护人员。我必须让自己成为一名医生。"阿尔贝特平静地说。

消息一传开，惊讶、劝阻、猜测便似浪涛般涌来：

“像阿尔贝特这么优秀的人居然要去非洲，不是糟蹋自己吗?”“他为什么要去非洲? 难道有不如意的事情?”“也许是一时冲动的决定，最后会改变的。”种种议论不时传到阿尔贝特的耳里。他不辩解也不生气，甚至不受任何影响，一心只想为未来到非洲做准备。唯一让阿尔贝特感到困扰的是恩师维多尔和父母的强烈反对。

“你早已不是孩子了，应该懂得自己的前途在哪里。要是你真的去非洲，岂不等于放弃这里的一切。你难道不明白吗? 只要继续努力下去，美好的成果必定属于你。为什么……唉! 非洲，那个蛮荒之地，连教会里最平庸的牧师都不肯去，为什么你要去?”一向冷静的父亲气得语无伦次。

母亲则是发动泪眼攻势:“阿尔贝特，我的儿子，你绝对不能去非洲，那个地方落后到极点，疾病横行，非常危险。妈妈怎么放心啊?”母亲哭得眼睛都红了。

阿尔贝特只能劝她说:“妈妈，那些非洲人也是他们父母的儿女，正因为他们的处境艰困，我才不能不去帮忙啊!”

维多尔老师反对得最为强烈，他用平时弹琴的手把桌子拍得砰砰响："荒谬，荒谬！三十岁的音乐家突然去做一年级的医学院学生，为的是要去非洲探险，给黑人治病。你别是自己先病昏了头！你知道的，我不喜欢收学生，可教了你十几年，今天的阿尔贝特·施韦泽在乐坛上是个响亮的名字，你倒是把他送到非洲去斗狮子，让我这多年的心血付诸东流。幼稚、荒谬！快快打消这个古怪的念头。"

"老师，每个生命都是神圣的。老师放心，音乐是我一生的伙伴，我永远不会停下弹琴的手。"阿尔贝特平心静气地回答维多尔老师。

几位至亲的强烈反对一点也没有动摇阿尔贝特要去非洲的意志，他冷静而又耐心地做着准备工作。

阿尔贝特是医学院最年长的学生，同年级的同学平均小他十岁，但他一点也不在意，虚心向学，不耻下问，一直保持着好成绩，在修习医学课程期间，还完成了好几部著作。他在三十一岁那年的夏天出版了一本研究耶稣生平的著作《从赖马鲁斯到弗雷德》，三十三岁时，德文版

《巴赫传》问世。

阿尔贝特在写作时全心投入，研究和考证也做得很仔细，加上文字精炼，每本著作都得到了文化界的重视。他被认为是明日之星，“阿尔贝特·施韦泽”这个名字，不论在学术界、文哲界、宗教界还是音乐界都非常响亮。他要去非洲助人的事逐渐被人们所淡忘，大家既不认真看待，也无兴趣提起了。

这几年来，阿尔贝特很少提到要去非洲的计划，还有了一位亲密的女友。这个女友外表高雅大方，是一位教授的女儿，名叫海伦娜·布雷斯。她的出现让阿尔贝特周围的人，包括他的父母姐妹在内，都大大地放心了。毕竟去非洲是令所有女人都害怕的事情，更何况是像海伦娜那么文雅的大家闺秀。

“我们阻挡不了固执的阿尔贝特，现在上帝派了海伦娜来管他，看他听不听！”母亲胸有成竹地说。

事实上，大家都猜错了，阿尔贝特要去非洲的计划一点也没有改变，而海伦娜根本就没反对他去非洲，她是阿尔贝特所有亲友中唯一赞成他去的人。阿尔贝特在三十四岁时通过解剖学、生理学、自然科学的考试，三十六岁时通过外科考试，取得医生资格。这段时间里，海伦娜也默默地去接受护理训练。她下定决心要陪伴阿尔贝特远赴非洲，助他完成济世救人的伟大梦想。

成为医生的来年春天，阿尔贝特辞去大学讲师及牧师职位，6月与海伦娜举行婚礼，紧接着，这对新婚夫妻就一头栽进非洲之行的筹备工作里。海伦娜忙着采购，收拾家中物品。非洲物资缺乏，哪怕是微不足道的牙膏、肥皂、卫生纸都得带去，阿尔贝特忙的则是另一方面。行医助人总得有个诊所，教会提供的信息说，那里没有建筑物可以租用，房子得自己造，所以阿尔贝特每天为了筹款而奔走。

阿尔贝特的执着使原来强烈反对他的亲友大受感动，纷纷伸出援手。有的捐款，有的想办法为他宣传，找有能力的人和机构赞助。萨尔斯堡大学的同事们和他原先服务的教堂的信众最为热心。为了去非洲的计划，曾严厉责备他的维多尔老师也成为他最积极的支持者，还开了多场音乐会为他募款。经过几个月的努力，旅费、兴建诊所和购买药品的费用以及诊所第一年的开支大致有了着落，数目虽不多，至少可以成行了。

令阿尔贝特感到意外的反倒是教会方面的反对。理由是他曾在著作中对教会有所批评，所以教会不允许他到非洲去“误导”当地人民。无奈的阿尔贝特只好硬着头皮去求助于他曾批评过的教会理事长。没想到理事长宽宏大量，非但不计前嫌，还一口答应替他说服反对者。阿尔贝特本人也谦恭地去拜访每一位委员，诚恳地解释他要去非洲的原因。最后阿尔贝特作了让步，他在非洲只行医救人，对信仰的事不参与。也就是说，到非洲后的阿尔贝特只是个医生，而不再是传教士。

1913 年 3 月，阿尔贝特和海伦娜终于离开故乡甘斯巴赫，前往遥远而又陌生的非洲。从为了去非洲而学医到真正成行，已经过去八个年头了。一大群亲友在车站送行，母亲和姐妹们流着泪，说着祝福的话。阿尔贝特则深深感动，对于自己能被这么多人所关爱而感到幸福；另一方面，去为不幸的人谋求一点幸福的心也更加坚定了。

5. 拥抱黑色大地

在前往非洲之前，他们先去了一趟巴黎，因为驶往法国属地刚果的远洋油轮“欧罗巴”号停泊在离巴黎两个小时车程的波亚克港口，另外一个原因则是要去向维多尔老师道别。维多尔老师与阿尔贝特之间的感情胜于父子，为了阿尔贝特的非洲之行，维多尔老师特地召集了几位制琴高手，为爱徒制造了一架用特殊木材制成的精致风琴。这架风琴即使在炎热的热带气候下也不会变形走音。

阿尔贝特夫妇在巴黎停留了三天，与老师和师母共话家常。维多尔老师不仅勉励他，还用圣苏佩斯大教堂的管风琴为他举行了一场送别音乐会。

1913 年 3 月 26 日，阿尔贝特夫妇登上“欧罗巴”号，开始了他们崭新的人生。航程预计五个星期，沿途还会在几个港口靠岸。当船停泊在达卡港时，阿尔贝特下船去见识了一下非洲景观。不料第一个印象就令他痛心不已。他看到一辆由一匹马拖拉的木板车，车上堆着如山的木材，顶上还坐着两个黑人。那匹马向前伸长着脖颈，艰难缓慢地迈着步子。坐在上面的人却不断地吆喝，打在马背上的皮鞭舞得啪啪作响。

“怎么可以如此虐待动物！”阿尔贝特对他旁边的两个伙伴说。这两人一个是长驻非洲的军医，另一个是经常在欧非之间旅行的商人。

“如果看不惯虐待动物，你就没办法在非洲生活。”两人几乎异口同声地说。

阿尔贝特和那位军医谈得很投机，从中得到不少在非洲生活的宝贵知识。

“你一定要戴帽子，不管日出日落都要戴，帽子上破个洞都不行，得了‘日晒病’可不是闹着玩的。高烧一发就不退，轻一点的脑子会烧坏，严重的则会丧命。”

“我驻扎在加蓬的首都，离兰巴雷内有一段路程，一条命给磨练得像钢铁一样。那地方有一些奇奇怪怪的疾病，你可能听都没听过，在欧洲医学院的教室里更没学过。当地居民有许多习俗你可能也无法适应。希望你不至于待不到一年就打道回府。我是没办法，谁叫我是国家的军人，即使不喜欢也得待下去，不过时间一长也就习惯了。”军医很健谈，常常让阿尔贝特听得津津有味。

船行得慢，4 月 14 日才到非洲奥果韦河河口的城市洛佩斯湾。那时的洛佩斯湾虽然只是普通的渔村，却是进入非洲的大门，来往人士必须在这里接受海关的检查，才可登陆进入内地。

阿尔贝特夫妇通过检查，在洛佩斯湾换乘奥果韦河的平底轮船，逆流而上。奥果韦河全长一千两百多公里，有的地方河面宽达数公里，有的地方又非常狭窄，窄得仿佛两岸火焰般的红土地和无垠的原始林都触手可及。阿尔贝特牵着海伦娜的手，静静地站在船头的甲板上，观赏这在欧洲从没见过的荒莽景色。岸上偶尔会有成群奔跑的斑马，速度快得像一阵风；椰子树干直耸入天，猴群上上下下地爬着；一些老树根像蟒蛇似的伸到河水里；河水很清澈，巨大的河马在河里悠游，兴致来了还跟在船后面游上一段。

“这是一个我们从未经历过的世界。以后我们的生活会很苦，可是我一点也不后悔，我已经开始爱上这块土地了。海伦娜，你觉得呢？”阿尔贝特为眼前的景象深受感动。

海伦娜微笑着说：“我的感觉和你一样。阿尔贝特，这是我们自己选择的故乡。”

轮船沿途数次靠岸，经过的地方全都落后荒凉，只有一幢幢半塌的小茅屋。瘦得像竹竿一样的孩子裸着身体站在岸边，天真地打量着船。有的孩子伸出小手，向船上的人要钱。一些自作聪明的白人故意把硬币抛进岸边的河水里，让孩子们钻到水里去捡，那些孩子真的就跳进河里去找钱。怪的是，他们总能找到。这个情景逗得丢钱的人哈哈大笑。

有一次，阿尔贝特忍不住问那位军医：“下水捞钱没危险吗？”

“当然危险。只不过为了生存，怎么顾得了那么多。不过你别替他们担忧，他们自有应付的能力，瞧！不是一个个平安地回来了吗？”那位军医回答。

他对奥果韦河流域的历史了如指掌，常对阿尔贝特说：“以前沿河一带的部落很繁荣，人们过着纯朴的生活。都是我们欧洲人害了他们！我们带来了传染病和烈酒：传染病流行却没有医生，许多人因此丧命；黑心的商人则用烈酒引诱原住民以换取木材，把好好的原始林砍伐得不成样子。原住民没知识，不能自制，喝了酒就醉个半死，变得更懒于工作。恶性循环的结果就成了今天这个样子。”

军医的话使阿尔贝特体会到“读万卷书，不如行万里路”的道理。过去读过的几本有关非洲的书中，竟没有一本提到军医所说的情形和眼前的景象。然而，他又想，既来之则安之，不管非洲多么荒凉，原住民多么无知，未来的前途多么难测，他决定要在这块土地上生根，努力地奉献自己。奥果韦河缓缓地流着，有时兴起波涛，有时平静无波，阿尔贝特静静地观赏着眼前的一片景色，感觉自己与这块黑色大陆越来越亲近。

这天，全船的人都掩不住兴奋之情，因为船就要抵达目的地——兰巴雷内了。在水上生活了一个多月，终于能踏上陆地，阿尔贝特和海伦娜两人一边在舱房里收拾行李，

一边说笑着。突然，有人在甲板上叫着："施韦泽医生，欢迎你的人来了。"阿尔贝特闻声上到甲板，只见一队独木舟正朝着这里飞快地划着。为首的舟上绑着一块写着"欢迎施韦泽医生"的白布条，还有原住民敲锣打鼓，非常热闹。

等船行近了才知道，原来是驻兰巴雷内的传教办事处派来迎接阿尔贝特夫妻的。前面两只奏乐唱歌的小舟载着当地学校的学生，由一位白人传教士带队并担任指挥，后面的几艘空舟是给客人乘坐的。

"到我们那儿非换独木舟不可，小河水浅，别的船不能走。我在传教办事处管日常事务，是特地来接你们的。"传教士笑眯眯地说。

大家七手八脚地把阿尔贝特带来的行李箱子搬上独木舟，转到一条细小的支流上。独木舟是把大树干的树心挖空制成的，又浅又窄，划起来轻巧快捷。当时正值夕阳西下，河水上闪烁着耀眼的粼光，远处山丘上一排白色的小屋，在余晖中分外明亮。传教士告诉阿尔贝特，那里就是传教办事处，今天的晚饭会在那儿吃，由办事处主管克里斯托弗传教士为阿尔贝特夫妇接风。

长途跋涉的目的地终于到了，阿尔贝特牵着海伦娜步下独木舟，岸上挤满了欢迎的民众。带头的克里斯托弗传教士为阿尔贝特介绍说："这儿方圆百里内没有医生，所以知道有位好心的医生要来给他们治病，大家都很兴奋，抢着来欢迎。"

办事处为阿尔贝特夫妇准备了一间屋子，像当地其他的房舍一样，除了屋顶是铁皮覆盖的之外，天花板、地板、墙壁都是木材建的。如此简陋的居所虽然无法与欧洲精致华丽的建筑物相比，但阿尔贝特一点也不嫌弃，还跟海伦娜说这房子可爱："后面有山，旁边是树林，前面还可以居高临下地看到河。我要为这美景陶醉了！"

这天是 1913 年 4 月 17 日，阿尔贝特和海伦娜所选择的新故乡叫加蓬，是当时法国在非洲的殖民地。葡萄牙人在 15 世纪就来到这里，紧接着一些传教士也来了。18 世纪，法国人在此建了大农场，有超过一千个奴隶工作，栽种热带作物，如咖啡、胡椒、肉桂、可可等，此外还采集森林里的天然橡胶，再把这些产品贩卖到欧洲，获利丰厚，也因此带动了这个地区的兴盛。

19世纪中期，英、法两国废止奴隶制度以后，因为停止生产，导致此地的经济逐渐没落。如今，整个地区主要的物产只剩木材，马铃薯、谷类等农作物即使种了也结不出果实。米、面、牛奶、马铃薯等食物和一般生活必需品都得从欧洲运来。所以这里的生活品质虽低，但物价却很高。

奥果韦河是加蓬地区的大动脉，沿河住有多少土著，没人说得清，只知道以前曾有八十族。

在这里的白人总数不超过两百，其中还包括驻扎在首都利伯维尔的法国驻军。从高度文明的欧洲来到蛮荒的兰巴雷内，阿尔贝特在他的日记本上写着："这块土地是我选择的新故乡，永远的安身立命之所。我将用自己有限的力量，帮助这些被遗忘的人。他们都是上帝的儿女、我的兄弟姐妹，求神帮助我。"

6. 从零开始

从欧洲动身前一个半月，阿尔贝特就已把大量药品、纱布、各种医疗用物装成七十个大木箱，用货运方式寄来非洲。原以为箱子会比人先到，没想到他估计错了。

阿尔贝特到了非洲，却没有任何有关货运的消息。根据克里斯托弗传教士的猜测，东西可能被羁押在海关处，如果不派个人去打听一下，很难说什么时候才会运到。不等阿尔贝特开口，传教士便指派一位办事处的采购人员到海关去查看，让阿尔贝特连连称谢。

那天晚上，阿尔贝特很晚才休息。热带地区天亮得快，第二天，不到六点，亮晃晃的太阳已普照大地。睡意正浓的阿尔贝特和海伦娜被一阵喧哗的人声吵醒。掀开窗帘一看，发现许多人围在屋前，克里斯托弗传教士正在用土话向他们解释。这景象令阿尔贝特夫妇大为吃惊，不知发生了什么事情。经克里斯托弗说明后才知道，原来他们都是来求诊的病人。

“我们早就发了通告，说三个星期以后，诊所才能开业。可是大伙儿今天就来了，有的还是一夜没睡、步行赶来的。我努力劝他们回去，他们却说：‘医生不是已经到了吗？为什么不能替我们看病？’唉，说也说不清。将来你会亲自体会到，在兰巴雷内做事可不容易，和欧洲相比，是两个完全不同的世界。医生，抱歉让你受惊了。”克里斯托弗无奈地苦笑。

“我现在已经不吃惊了，他们不过是来看病的。身上有病痛当然着急，别叫他们回去。可是……”阿尔贝特禁不住朝四周看了看，希望能想个办法，弄个暂时的看病场所。

其实，建诊所的经费在数月前就汇过来了，阿尔贝特以为他们一抵达兰巴雷内就会有一间虽简单却可行医的木屋。没想到近半年因为木材价钱大涨，工人都去伐木了，所以非常缺乏建造房子的人手，建诊所的工作根本还没开始。

阿尔贝特想到在他住处旁的树林里有间破旧的空木屋，里面堆满废弃的东西。据说那里曾经是鸡舍，到现在还可闻得到鸡屎味，地上也粘着一些鸡毛。

“好，就是这里了。也许不那么豪华，至少可以遮阳挡雨，有个屋顶总比露天安全多了。”阿尔贝特幽默地说。

他立刻叫几个原住民，将屋子彻底地打扫干净，然后用随身带来的酒精消毒，摆上两张长桌、两把椅子，拿出行李中有限的药品，诊所就开张了。

开始诊疗后，阿尔贝特才知道，在这炙热的赤道地区，有些奇奇怪怪的病症是他在书本上从没读过、也从未听过的。日晒病只不过是其中一种，昏睡症、脱肠症、橡皮病、恶性脓疡等更可怕也更无法预防。而酷热又湿闷的气候简直是传染病的帮凶，每当热带赤痢、疟疾、麻风之类的病流行时，整个地区便成了人间地狱。既无医生药物，当地人又缺乏保健常识，使得疾病如狂风巨浪般肆虐，摧残这些无助的人。几次传染病的流行都造成大批人死亡，生命在这里似乎是最微不足道的东西。

蛮荒地区的病固然不可避免，文明地区的病也很常见，肺结核、肺气肿、心脏病的患者比例偏高，在没有医生的情况下，原住民只好求助于巫师，作法念咒之后当然还是逃不过死亡的命运。疾病与死亡是这里的人最大的敌人，医生则是他们最需要、最期待的救难者。因此，他们才会不理会开诊时间的通告，听说医生到了，一大早就扶老携幼地前来。

阿尔贝特到达的第二天就开始行医，他耐心地告诉民众，因为药品和器材都还没运来，又缺乏助手，实在忙不过来，所以只能先给重病患者诊治，病轻的先回家休息。但那些人听不懂他的话，也不能理解他的意思，一直说："你不是医生吗？不是来给我们治病的吗？我才不回家，就在这里等啦！"他们果真不回家，夜里就在附近的树林里席地而睡。阿尔贝特一点办法也没有，只得次日早早起床，继续给他们诊治。

病人中以患恶性疥癣的最多。伤口常有饭碗大小，有的甚至烂得见骨，发出刺鼻的臭味。阿尔贝特一边用刀刮去伤口的腐肉，一边教他们不要再往伤口上涂抹树皮粉，因为那只会起反效果。工作的同时，他的脑筋也没停，努力思索能用什么方法阻止这种病的蔓延。要阻止这种病的传染，首先得有能根治这种病的药品，但阿尔贝特带来的药品却都没有显著的效果。他打定主意，非发明特效药不可。

传教办事处预先安排的黑人助理始终没现身，唯一的医生助理就是海伦娜。阿尔贝特跟她开玩笑说："你应该有个绰号，叫世界上最操劳的助理。"

"当然，你就是世界上最忙碌的医生！"

他们两人忙得不可开交，海伦娜不仅是阿尔贝特诊疗时的助手，但凡一切有关那间"鸡舍诊所"的事——医疗用具、手术器物、药房配药、清洗绷带及看护重病患者，全由她一肩挑起。

过了几个月这种艰难的日子，建房子的工人终于伐完木头归来，可以开始盖诊所了。阿尔贝特夫妇高兴得眉开眼笑，海伦娜还送他们一人一份从欧洲带来的牙膏和肥皂。几个工人也很开心，工作得十分卖力，不到四个月就把一幢木屋建好了。这木屋仍和兰巴雷内大多数的建筑物一样，木造房子，用铁皮搭的屋顶。为了防止地面毒虫的入侵，房子还得盖在二三十个高一米半的木桩上。

新的诊所一共有两间长方形的房间，外面一间是诊疗室，里面是手术室，另外还做了放药品的木架、两个墙柜、一张动手术时给病人用的木床，并且给医生做了一把新椅子。虽然设备简陋，阿尔贝特还是对他的新诊所十分满意。

好运接连而来，阿尔贝特找到了一位原住民助手，名叫约瑟夫。约瑟夫曾在白人家庭做过厨师，能说法语，不过用词并不完全恰当，譬如他称病人的肋骨为排骨，大腿为蹄髈，腹部的肉为五花肉。

阿尔贝特和海伦娜视约瑟夫为不可少的助手，自从他过来之后，医生和病人间的沟通顺畅很多，阿尔贝特的一些想法和规定可以让约瑟夫帮忙解释清楚。后来，海伦娜用法文写了一张“医院守则”贴在墙上，由约瑟夫将内容读给病人们听，内容包括六项要求：不可随地吐痰，等待看病时不可高声喧哗，用过的装药瓶罐一定要交还，等等。

由于民众间互传疥癣太厉害，染上之后就痒得整夜不得安眠，常抓得皮破肉烂、鲜血淋淋，而从欧洲运来药品需要花上数月的时间，用量又很大，经常供不应求，阿尔贝特便试着自己制作。他就地取材，用硫黄粉、椰子油、鲱鱼罐头里的残油，再加上泡软的肥皂，搅匀成膏状，让病人涂抹在患处，可立即止痒，连续涂抹几次便能痊愈。

阿尔贝特来了半年，就把折磨当地居民百年的疾病给根除了，使他们佩服得五体投地。他们称呼阿尔贝特夫妇为“医生先生”“医生太太”，不必加姓名，任谁都知道指的是这对远渡重洋前来拯救他们的白人夫妇。

由于病人都很崇拜阿尔贝特，所以也乐于听从他的话，阿尔贝特的几项“医院守则”推行起来非常顺利。原住民也渐渐学会了思考一些做人的道理，譬如有的病人会问：“为什么装药的玻璃瓶和铁罐要归还？我想洗干净装油和盐。”

阿尔贝特就叫约瑟夫解释说：“那不行。因为气候太热，药只能用铁罐和玻璃瓶来装，别的纸盒、纸袋都不能保存，这样药就会坏掉。如果你把瓶罐留下，而让别人的药坏掉，那不是很自私吗？我们做人不能只顾自己。”

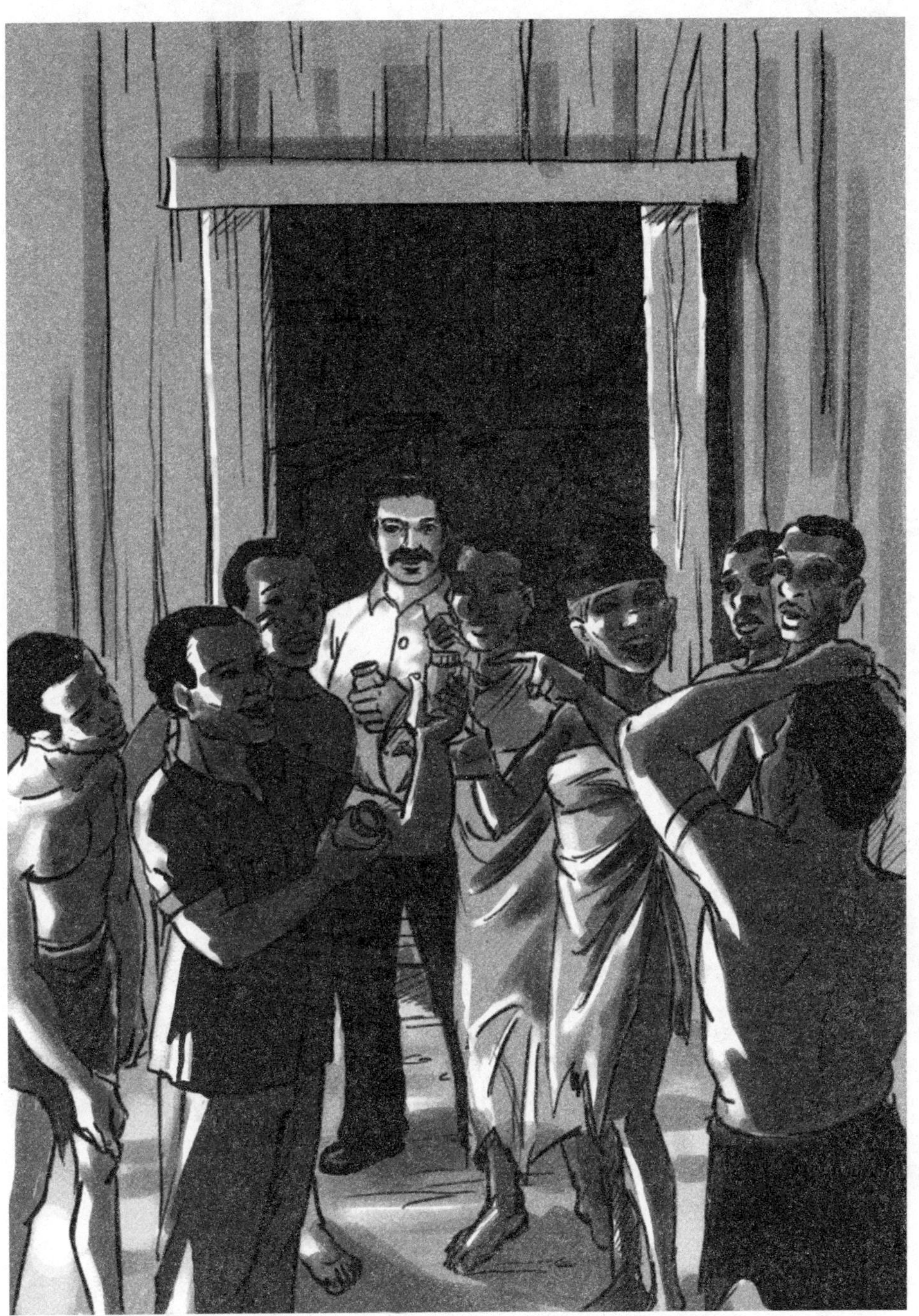

那些原住民有的第一次听不明白，想了半天还是摇头；但多听几次就懂了，有的人还会说出令人耳目一新、颇有智慧的话：“对呀！人不可以太自私，不可以只为自己着想。假如医生先生和医生太太只为自己着想，就不会跑到这里来帮我们了。”

阿尔贝特对病人的真诚与宽忍深深感动了这些外表粗犷、内心柔软的人。他第一次替一位脱肠症病人动手术是这方圆百里间传颂不断、白人和黑人都津津乐道的故事。

某天，气温特别炎热湿闷，连阿尔贝特都感到有点呼吸困难。但病人如潮水般一批又一批地来，阿尔贝特、海伦娜和约瑟夫忙得连喝口水的空暇都没有。就在这个时候，忽然传来一阵哭号声，接着看到两个人用竹竿做的担架抬着一个肚子鼓得像气球的男子进来，担架后跟着一个枯瘦的女人，她边哭边说，声音尖锐又操着土话，阿尔贝特一句也听不懂。女人手上抱着一个小婴儿，背后背着一个稍大的孩子，手上还牵着一个四五岁的女童。她一进门就“扑通”跪在阿尔贝特面前，哭着哀求。

阿尔贝特忙问约瑟夫："她说些什么？我听不懂！你叫她别哭，慢慢地说。"

约瑟夫倒是早就听懂了，说："她说这个病人是她丈夫，是个伐木工人。全家人都靠他养活。她的婆婆几年前瞎了，公公早年被鲨鱼咬掉一条腿，是个残疾人。她丈夫三天前忽然肚子疼，肚子越膨胀，他就叫得越凶，叫了三天三夜，现在已经叫不出声音来了，眼看着就要没救了。她求您发发慈悲，救他一命，不然他们全家大小只有饿死了。"

阿尔贝特边听边叹息，急忙查看担架上的男子。那男子不过三十岁，骨瘦如柴，但肚子却高高鼓起，因鼓胀得太厉害，皮肤还被撑得发亮。他果然叫不出声了，只不断地呻吟着。

约瑟夫在一旁说："医生，这就是脱肠症，在此地非常普遍，得了这个病就完蛋，没办法救。您看到了吗？他已经叫不动了，只在闷哼，待会儿连哼也哼不动，就真的没救了。"

"不，我要给他动手术，既然是普遍的病症，更得想法子治疗，不能让病魔任意肆虐。你叫那女人不要哭了，安心地在走廊上等着。我们赶快准备吧！”阿尔贝特话没说完，海伦娜就把手术用的器具丢到开水锅里煮起来，并把那女人带到走廊的长板凳上坐下，给孩子们一些欧洲带来的饼干。

“别担心，你丈夫会好的。两个小时后他会像平常一样跟你聊天。”海伦娜把女人和孩子安顿好，连忙走进那简陋的手术室，她是麻醉师，也是护士。约瑟夫也戴上了橡皮手套，俨然是手术室的重要助手。

阿尔贝特是个冷静、理性、不情绪化的人，可是第一次在非洲动手术，他还是有种无法控制的惶恐心情。他想：“脱肠症在这里如此普遍，如果无法医治，这种病便永远威胁着他们的生命，不知有多少像这样的家庭会破碎。慈悲的主，给我力量，让我救活这个人。”整个手术过程中，阿尔贝特一直在心里祷告。

手术近两个小时，阿尔贝特找出了脱肠症的主因。所谓“脱肠”，其实是“绞肠”，病人有段肠子缠住了，食物无法消化，所以肚子膨胀得像气球一般。找出了病因，阿尔贝特便恢复原本的自信和乐观。他把病人绞住的肠子小心地理顺，清除肠内的污垢，顺利地完成了手术。

那病人麻醉醒过来之后，惊喜地抓住阿尔贝特的手说："医生先生，您真神奇啊！您用什么法子救活了我？不，您救活了我们一家。我衷心地谢谢您！"

那男人的妻子也不哭了，带着孩子们进来，欢天喜地地向阿尔贝特夫妇道谢。说完，她就叫那两个抬担架的邻居把病人抬回家去。

阿尔贝特连忙阻止她说："不行，不行，他得休养几天。我也得随时观察他的病情。你们先回去吧！过几天我会通知你们来接他。"

这病人叫达卡，会说一点法语，阿尔贝特把他留下来，却不知道该安置在哪儿。天气很炎热，在走廊上过夜是可行的，但又怕树林里的野豹闻到血腥味会出来觅食，最后还是决定就让达卡住在手术室里将就一下。只希望在这段时间里不会再有病人需要紧急动手术。

达卡是这间简陋医院的第一个住院病人。阿尔贝特每天为他检查伤口、换药；海伦娜则做三餐给他吃。在大家细心的照顾下，达卡复原得又好又快，不只阿尔贝特为此欣喜，达卡本人更是开心至极，因为他是整个地区唯一得脱肠症却没死的人。他说："医生先生，您是神吗？怎么真的救活了我？"

"我不是神，只是神给了我力量。可惜的是，我的力量太小，这里条件也太差，如果有病房、病床，可容纳病人，得救的人就会更多。"

"医生先生，那不难，我可以找一些亲戚朋友来替您盖病房，您只需供应三餐饭和少许工资。"

"没问题，一言为定。"

这给医院带来了很大的改变。两三个月后，医院扩建成可容纳十个病人同时住院的规模，虽然睡的是铺上稻草的木板床，但总比睡在露天或无处容身好多了。

铁皮屋顶的木板屋一幢幢地建起来，医院的规模也一天天地扩大。药品和资金由欧洲的相关教会和朋友们负责，每隔一段时间就寄来数十只大木箱。原住民渐渐地懂得，这个白人医生为什么要到蛮荒的非洲来救人。"只是为了一个爱字。他爱我们。"很多原住民都说。他们开始真心地爱这位医生和周围的人。有几个能说点法语的年轻男子也主动表示想到医院来服务。阿尔贝特欣然接受，并叫海伦娜和约瑟夫训练他们。

医院的运作越来越上轨道，阿尔贝特几乎救活了每个来求诊的脱肠症患者。他对其他非洲特有的病症也慢慢有了认识，并找出了治疗方法。阿尔贝特和原住民之间相处融洽，日子越过越顺遂，心中很有成就感。忙碌的他也能挤出点时间玩玩他心爱的音乐了。阿尔贝特打开维多尔老师送给他的特制风琴的琴盖，弹奏巴赫的曲子，由风琴里流出的乐声如流水般洗涤他的思想和心灵。阿尔贝特陶醉至极，几乎忘记自己身在何处，只能任手指自由自在地弹着琴键，而廊下早就站满了一群人。

“咦！医生先生用什么变出这么好听的声音？”有人窃窃私语着。

7. 音乐与战争

许久没有碰风琴，一弹起来，才懂得什么叫浑然忘我的境界。阿尔贝特真切地体会到，音乐就是他生命的一部分，无论他从事什么工作，都不可能与音乐分开。没有音乐，他的生命就不完整、不快乐。于是他决心重新拾起音乐，不管工作如何忙碌，一定要空出时间练习风琴，并重新对巴赫、门德尔松、亨德尔的作品做深入研究，就算无法弹奏到尽善尽美，至少也要让自己满意。

阿尔贝特常利用就寝前的一点空闲时间弹奏风琴，那时万籁寂静，晴朗的夜空上常有星月相伴，萧瑟的气氛让他不免产生些许乡愁。但他并不觉得这样有什么不好，反而认为淡淡的思乡情绪正好增添弹琴的灵感。他和海伦娜对目前的处境很满意，医院发展得虽然不是很快，却很稳健。有时从欧洲运来的药品迟到，让他有些担心，但问题不大，并没有对病人造成直接的影响。阿尔贝特对他的医院有全盘的计划，认为只要按部就班，一定可以在这块土地上建立一所水准较高、规模较大、可以帮助更多人的医院。不幸的是，战争爆发了，他自己也受到战争的牵连。

1914年，第一次世界大战爆发，德国与法国进入敌对状态。阿尔贝特属于德国籍，而加蓬是法国殖民地，隶属法国。于是这位热心助人、受人爱戴的医生一夜之间竟成了敌人。他被通知医院要限时关闭，他和妻子海伦娜是战俘身份，所以要受到看管。阿尔贝特接到通知后的第一个反应就是尽快把医院器材储藏好。他和约瑟夫、达卡连夜搬运，把医院里的一切器材用品集中放在一幢新近建成的坚固病房里。

“医生先生，我们何时可以再开门啊？”达卡难过地问，他衷心感谢医生的救命之恩，所以把医院的事当成自己的事。

“谁也说不准，也许要等战争结束。总之，不管怎么样，你们俩要把器材看好，等局势好转，就可以随时开门。”阿尔贝特把钥匙交给助手，两天后，他和海伦娜就被关入传教办事处的一间房子里，日夜有兵士守卫，不得自由进出。

当地居民向来消息闭塞，也不了解战争与战俘之间的复杂关系，仍然跑了几十公里的路来找施韦泽医生治病。看到医院大门深锁，人去楼空，感到非常失望。经过打听，才知道他们所敬爱的医生先生成了犯人，现在被监禁起来了。

“医生先生和太太是最善良的人，救过许多病人，怎么会变成敌人给关起来呢？”有些民众跑到传教办事处问。得到的回答却是：“战争时期，我们照上头的命令行事。别啰唆了。”

原住民替阿尔贝特感到不平，他本人倒是坦然接受。唯一让他不放心的是那些急于求医的病人，但他也毫无办法。

阿尔贝特是个一分钟都不想浪费的人，从被囚禁的第二天起，他就拿出纸和笔，重拾荒废许久的写作习惯。他要写的是一本有关人类文明的书。文明究竟是什么？与人类的实际生活到底有什么关系？为什么今天的欧洲人能有如此进步的文明和富裕的生活，但这些落后地区的人却过着越发贫穷的日子？白种人在非洲、亚洲的殖民地明争暗夺，利用廉价劳工赚取大量财富，过着奢侈浪费的日子，但对穷人的困境却视而不见。说穿了，这是一种道德的沦丧。想到这里，一个非常严肃的问题浮现在他的脑海中：难道文明与道德是相互抵触的吗？这个问题让阿尔贝特深思，并动笔写起了一本叫《文明的哲学》的书。

阿尔贝特被囚禁了几个月后，有一天忽然接到通知，说他每天可以出去几个小时给病人治病，这对阿尔贝特和病人来说都是好消息。远近的病人不断地拥来，阿尔贝特每天都来不及全部诊治完。不久后，又来了另一个通知，叫他尽快恢复医院的事务，正常开业。阿尔贝特被这些通知给弄糊涂了，不懂为什么突然要囚禁，突然又叫他重新开业，直到他回欧洲，谜底才揭晓。原来是他的恩师维多尔先生在巴黎四处奔走，请人设法疏通管理非洲的官员，才会有这样的结果。

战争持续着，法国的运输工具都充作军用，极少有货轮来往于欧、非之间，因此阻碍了两地间的贸易。非洲所砍下的木材堆积如山，乏人问津，靠伐木维生的原住民也全部失业。不只如此，茶叶、糖、烟草、煤油、米、面等生活必需品也严重缺货，物价飙涨，民众都连连叫苦。

阿尔贝特最担心的当然是药品的来源，没有药怎么能治疗病人呢？正在他为此忧心的时候，传来一个大好消息。一艘在战争前开出的邮轮载了几十箱他订购的药品，直到现在仍没有音信。据说这艘船航行到一半就被劫去运送军需物资了。阿尔贝特对这批药品本来已经不抱希望了，没想到忽然接到通知，要他快派独木舟到上游去取货。全医院的人都为这个消息高兴得大声欢呼，约瑟夫和达卡还自告奋勇，雇了三艘独木舟，把那些木箱护送回来。

阿尔贝特像以前一样，每天忙碌地为病人治疗、动手术，晚上闲下来就弹弹琴或思索人类文明的问题，并把心得随时记录下来。过分繁忙的工作占去了他大部分的时间，所以他只能用这种方式创作，但他毫无怨言，仍然和颜悦色地对待每个人。不过，他又有了新的困扰。

首先是海伦娜的健康恶化，常常头晕得不能起身，接

着自己的身体状况也亮起红灯。从住处到医院不过六七分钟的路程，过去他可以健步如飞，现在却举步维艰，后来情况越来越糟，头晕、食欲减退、精神不济等症状接连出现。

夫妻俩都成了病人，得的是热带贫血症。在兰巴雷内住两年以上的白人大多会染上这种赤道线上特有的怪病，所以一般白人都安排隔年回一次欧洲“换空气”，以防止罹患热带贫血症。朋友见阿尔贝特夫妇双双病倒，便劝他们回欧洲去休养一阵子，但阿尔贝特的德国人身份让他不能随意离境。有朋友自告奋勇，要帮他们向法国当局疏通，却被阿尔贝特一口回绝了：“不行，我绝不能离开那么久，回去一趟至少要一年才能回来，这里的病人怎么办？谢谢你的好意。”

有位朋友是法国商人，他看阿尔贝特不愿回欧洲养病，就请他们夫妇到自己的海滨别墅去度假，阿尔贝特欣然答应了。别墅建在离诊所两百公里之外的海岸上，空气清新，也不像兰巴雷内那么炎热。阿尔贝特和海伦娜每天在海滩上漫步，健康果然逐渐好转。他们在那里休养了两个月，阿尔贝特利用不必看诊的宁静日子，把有关人类“文明”“文化”乃至“道德”的问题做了全面而彻底的思索。一本谈论人生哲理的巨著已然成形，只等着把它写出来。

尚未完全康复的阿尔贝特夫妇一回到兰巴雷内就有一大堆信件等着拆阅。其中有一封是管理战俘部门寄来的，信中要求他们立刻到俘虏集中营报到，并搭下班船回欧洲。阿尔贝特愣住了，大叹人算不如天算。但命令必须服从，几个助手帮他将所有诊疗器材和药品装箱搬进一间铁皮屋顶的木屋里。正在撰写的《文明的哲学》稿子很可能遭到没收的命运，所以阿尔贝特把大纲和一些草稿交给一位美国的传教士，只抄了份目录带在身上。病人也得安排好，在上船的前一天，阿尔贝特还为两个脱肠症的患者动手术。

对于这场巨变，阿尔贝特没说过一句怨言，脸上也没有担忧的神情，照常用平静的心迎接未来。

他的助手和病人伤心地说：“医生先生，您还会回来吗？兰巴雷内的人不能没有您啊！”

“放心吧！我永远不会忘记你们，我一定会回来。”

“医生先生，他们不会把您怎么样吧？您会平安吧？”有人问。

阿尔贝特反倒轻松地笑了：“不会不会，我安全得很，别为我担心。好好注意健康，我会回来的！”

离别的日子到了，阿尔贝特雇了一艘独木舟到奥果韦河口去搭轮船。因为他们是战俘身份，所以传教办事处的朋友被禁止送行。当阿尔贝特夫妇和三个送他去码头的助手到河畔时，只见密密麻麻的原住民围在那里，他们困惑而又不舍地看着，也有人不断拭泪。看到这样的情景，阿尔贝特感动得眼睛都湿了。他站在独木舟上，凝望着这片逐渐远离的土地，就此告别他居住了四年的兰巴雷内。

一个月后，阿尔贝特和海伦娜在波尔多港登陆，他们被送到法国和西班牙交界处的一所集中营。营里的数百名俘虏普遍健康欠佳，大多数患有精神忧郁症。其实这些人不乏知识分子，人才济济，唯一缺的就是医生。阿尔贝特的到来让大家有了希望，大家看他为人和善亲切，都愿意与他交朋友。一位会做木工的营友看他常常把窗台当桌子

来写作，就悄悄地利用废木头做了一张小桌子送给他。阿尔贝特喜出望外，因为在那个艰苦的环境里能有张桌子实在是太幸运了。他不但可以用它来写稿，还可以把桌沿当成琴键来练指法。集中营里的生活单调而封闭，仿佛与世隔绝。唯有阿尔贝特能把握时光练琴、治病、写稿，生活过得忙碌而又乐观。不只如此，他还把好心情散播给别人。空闲时，他会讲非洲的故事给大家听，态度轻松，言语诙谐，连管理员都爱听。有时，他会传布“敬畏生命”的想法：“所有的生命都有他的价值，都是庄严的。我们不仅要敬畏自身的生命，也要敬畏所有存在的生命。人活在世界上最重要的意义，就是把关爱和温暖传送给别的生命。”

不知不觉中，阿尔贝特改变了许多人的人生观，集中营里的气氛也渐渐好转。管理部门特别开了一间医务室，指定由阿尔贝特医生主持，大家的健康问题算是获得了解决。

这里的生活除了伙食较差，日子似乎还过得去。这时令阿尔贝特十分不安的是海伦娜和他自己的健康又出了问题。

1918年的7月，法德两国交换战俘，阿尔贝特和海伦娜离开了集中营，回到德国。因为他们的故乡甘斯巴赫属于战区，经过几次申请，他们才获准返乡探亲。

8. 何处是我乡

战争中的德国满目疮痍，某些地区铁路中断，没有直接到达甘斯巴赫的火车，必须从科马尔步行十五公里才能到达。阿尔贝特路上感到发烧，腹内剧痛，有下痢现象，但也得强撑着往前走。他一边抵抗着病痛，一边看着那片童年曾嬉戏过的山冈，原本碧绿的草地和连绵的松树林，如今却是一片肃杀萧条的景象。很多树木被胡乱砍伐、焚烧，只剩下光秃的树干；农田里无人耕作，到处都是空荡荡的。一向乐天的阿尔贝特也不禁感叹："为什么要有战争？难道战争能够解决问题吗？可怜的人啊，你们何时才能消除心中的恨？"

终于到家了，阿尔贝特的父亲、姐姐和弟妹都非常惊喜，只是没看到母亲。经父亲说明，阿尔贝特才知道在他到家的两年前，母亲上街购物时被一匹拉车的军马撞倒而伤重不治。阿尔贝特为此唏嘘不已，病情更加严重。

他对弟弟说："你快想办法，把我送到萨尔斯堡的医院吧！这是传染性的赤痢，是在集中营里染上的。"

"上帝呀！这时候能想什么办法？你忍着些，我扶着你去吧！"弟弟说完，就和两个妹妹一起七手八脚地要把他扶到十五公里外的科马尔去搭火车。

阿尔贝特对弟弟说："找你的两个朋友来帮帮忙吧！她们两个女子怎么能步行那么远的路。"

"我的朋友都上了战场。汉斯和洛提已经阵亡了。"他弟弟说。

没办法，只得由海伦娜搀扶着送他就医，一路上苦不堪言，总算熬到了萨尔斯堡。到医院时，阿尔贝特面如死灰，发着高烧，全身虚脱，无法言语，医生看出他的病情不轻，立刻为他诊治。

阿尔贝特留在设备高级的医院里静养，逐日恢复健康。躺在软绵绵的病床上，他心中念念不忘的仍是兰巴雷内的当地居民。"何年何月，他们也能有这样的病床啊。"他想着就把这个念头说给院里的医生听。

那些人大多是他的旧识，虽然以法国人居多，可是谁也没有把他当成敌人。当他们听到阿尔贝特这么说时，总是善意地告诉他：“阿尔贝特，你在非洲待了四年，已经超出一个人承担的极限，你够伟大了，就别再去了，留在欧洲照样可以做许多有意义的事。”

“我个人伟大与否不要紧，欧洲当然也有可做的事，但是在非洲的那些人更需要帮助。你们想象不到他们过的是怎样的生活，落后贫穷也不是他们的错，那是上帝照顾不到的角落，我们必须分担上帝的责任。”每当有人劝阿尔贝特留下来，他多半如此回答。

有人在背后窃笑，说阿尔贝特是个不折不扣的理想主义者，太爱做梦，阿尔贝特也不理会别人的看法。只是现实环境的逼迫常常让他有些无奈。目前的他虽然病已经痊愈，但生活毫无着落，也没有任何收入。上一次为了去非洲而向朋友和教会借的钱更不知何时能还。烦恼之余，他重拾那些心血结晶之作，写写改改，希望能找到地方出版，赚取稿费。

萨尔斯堡的市长早就听过阿尔贝特·施韦泽的名字，

对他的勇气和慈悲心肠很是佩服，知道他正失业，就设法帮他安排了一个市立医院助手的工作。又过不久，圣尼古拉斯大教堂也恢复了他副牧师及教堂司琴的职位。有了收入，他的生活得以温饱，但周遭的环境却毫无改善。粮食严重缺乏，让人民普遍营养不良，学校的孩子个个脸色苍白。对于这种情形，阿尔贝特看在眼里，痛在心里。

1918年深秋，战争终于结束了。阿尔萨斯再次割给法国，萨尔斯堡当然又成了法国领土，一些德文的地名或标示统统改回法文。战后，失业及物资短缺依旧是人们生活的最大问题。这一切使阿尔贝特忧心不已，他越发痛恨战争，毫不掩饰自己是个反战主义者。

之后的两年，阿尔贝特没有离开萨尔斯堡，他的时间多半用来弹奏风琴和写文章。他在日常生活中努力节省，把省下来的食物，如米、面、奶油、奶酪，装在背包里，越过边界，送去给德国境内的朋友，其中以音乐大师华格纳的遗孀和著名的老画家汉斯·托马得到他的接济最多。

黯淡的日子终于露出曙光。阿尔贝特突然收到瑞典的乌普萨拉大学校长、著名神学家索得勃洛姆的一封信，请他到乌普萨拉讲授哲学，阿尔贝特欣然接受。

1920年4月，他和海伦娜便动身前往瑞典。阿尔贝特在课堂上发表他长久思考的对人类文明问题的见解——“敬畏生命”的学说，内容深刻，充满感情，加上阿尔贝特出众的口才，听者全都为之叹服、感动。索得勃洛姆校长认为这么精辟动人的演说不应该仅限于课堂内，也应该让社会大众有机会听到，所以在征得阿尔贝特的同意后，便安排了一连串巡回演讲。

阿尔贝特·施韦泽在瑞典成了家喻户晓的人物。但因他在写作方面的名气太大，几乎让人忘记他在音乐方面的造诣以及弹琴的才能，好在这时又被忆起了，一些相关组织便要求他举办演奏会。

举行演奏会是阿尔贝特最渴望的事，何况瑞典到处都有古老的管风琴，音质优美而又古雅，更吸引他想弹奏一番，结果音乐会和演讲一样都得到空前的成功。阿尔贝特和海伦娜在瑞典待了四个月，不但存到一笔丰厚的演讲和音乐会收入，足以偿还债务，还有剩余呢。这使阿尔贝特信心大增，希望自己以后不必靠借钱的方式就能维持非洲的医院。

另一件喜事是，阿尔贝特为瑞典出版社撰写的《原始森林的边缘》比预定期限还要早完成，书里写有关非洲生活的经验新奇少见，一上市就畅销。不久，德、英、荷兰、丹麦、芬兰等译本相继问世，也引起强烈反响。此时的阿尔贝特·施韦泽名声响亮，收入也倍增。于是他辞去副牧师和医院的职位，用写作、开音乐会及巡回演讲的方式，为非洲之行筹措经费。

战后的萧条渐成过去，西方社会逐渐复苏。城市里处处大兴土木，筑房造路，女士们穿着设计新颖的时装，商店的橱窗装饰得色彩缤纷，繁荣的经济像一只美丽的大蝴蝶，非常诱人。与非洲的荒凉落后相比，欧洲无异于天堂。大家开始对未来的生活有美好的憧憬和计划，也没有谁再费口舌劝阿尔贝特留下来，因为看他在欧洲如此活跃，名望与日俱增，身体又恢复了健康，这些哪是落后的非洲所能比的。可是他们都想错了，阿尔贝特自始至终都没忘记过非洲兰巴雷内那些无助的原住民朋友。

在欧洲的几年，除了马不停蹄地演讲、演奏之外，阿尔贝特所出版的《基督教与世界宗教》《童年的回忆》《原始森林的边缘》及《文明的哲学》前两卷（标题为《文化的破落与重建》和《文化与伦理》）都非常成功，得到极高的评价和热烈的反响，给他带来名声和财富。他开心地说："我终于又能脚踏实地、不必求人过日子了。"

1924 年 2 月 24 日，阿尔贝特再度启程前往非洲，随身带着大批药品器材，和一个年仅十八岁的牛津大学医科学生诺尔。海伦娜因为五岁的女儿无法忍受非洲的炎热气候，加上自己的健康欠佳，所以没有同行。因为有上次的经验，阿尔贝特此次到非洲是有备而来。

船行近两个月才到兰巴雷内，当阿尔贝特站在独木舟上，远远望到那片曾住过数年的熟悉丛林，激动得眼眶泛红。他后来在日记上写道："自从离开这可爱的地方，我一直对它魂牵梦萦。终于又回来了，这是多让人心动的重逢啊！"

阿尔贝特把卸货的工作交给诺尔，自己迫不及待地去视察医院，而眼前所见让他不由得目瞪口呆。哪里还有什么医院？原来的房舍已被荒草密密包围，连站的地方也没有，每间房子的屋顶都被风雨吹打得千疮百孔，有幢房子竟然从屋顶上直直地冒出一棵树来。阿尔贝特连休息也来不及，连忙向当地民众求援。一问才知道，近来欧洲和美国大量买木材，木材的价格高涨，健壮的工人全去伐木了。整个兰巴雷内，连一个修屋顶的工人也找不到。

医生先生回到兰巴雷内的消息很快在原住民之间传开了，立刻就有人要前来看病。其中有些比较明白事理的，带头说："医院破烂到这个程度，医生先生如何帮我们诊疗治病？我们快动手帮帮忙吧！"这人的提议立刻得到大家的回应，男女老少一起帮忙，花了两天的工夫才搜集到六十四块草瓦片，大家七手八脚地修好屋顶，再用锄刀除去荒草。阿尔贝特也卷起袖子和大伙儿一起工作，累得满头是汗。

大家都说："医生先生，您就别动手了，让我们来吧！"

"你们知道，我是闲不住的。再说多一双手，医院也可早点开门。"见当地民众把他当成自己人，阿尔贝特开心地呵呵直笑。

对阿尔贝特来说，抵抗大自然的侵害、克服种种的困

难是他在非洲的半个世纪里随时要面对的问题。他在记述非洲生活的文章里写道："非洲丛林里的艰苦生活是文明的欧洲人无法想象的，当然我也不必着墨太多。若是要详细地从头说起，怕要写上厚厚的几本书呢！"

病人蜂拥而至，医院只好勉强开诊。让阿尔贝特吃惊的是，麻风病、昏睡病、梅毒性溃疡之类的病例比以前增加了许多。而最令阿尔贝特烦恼却无计可施的是，有些原住民把病人往医院里一送，转身就溜走，并不留下来照顾。一个叫班则比的部落也不断地把病人送来。虽然医院里可通用的土语多达十种，但是他们的语言连别的原住民也不懂。在行为上，他们表现得更是怪异，有个病人连续两次在床铺下点火，几乎要烧了房子；另一个则常常大吵大叫，动手打人。阿尔贝特伤透脑筋，可是也没办法跟他们讲道理。

阿尔贝特不只当医生，有时也得像以前一样充当建筑师。病人太多，病房不够用，每隔一些日子就得设法加盖。糟的是，当地根本没有材料，又找不到工人，所以他得乘独木舟出去四处找寻材料。阿尔贝特觉得木板不如砖头隔热，于是决心自己烧砖，想要建造防热性和防虫性都强的砖房。造砖的黏土不难找，乘独木舟到沼地去挖就挖得到，问题是没人会烧砖。阿尔贝特只好自己动手，一有空就去做土胚，试了很多次，弄得两手是泥，就是烧不成砖块，最后只得放弃。后来他在回忆录里说，这是在非洲时唯一的失败。

当阿尔贝特在非洲的丛林里被各种琐事压得喘不过气来时，他的名字却如风驰电掣般在世界的各个角落里被传扬开来。世人从阿尔贝特的著作和媒体的报道中渐渐得知他在非洲的事迹，对他高贵的情操和无私的爱心由衷地敬佩。有的人付诸行动，用具体的帮助表示支持。这年的7月，医院的第一位专业护士柯多曼小姐来到；10月，外科医生民斯曼医生抵达；后来的几个月里，陆陆续续地又有几位医生和护士加入。

有一天，阿尔贝特正在为病人诊疗，忽然听到一个熟悉的声音叫他“医生先生”，原来是以前的助手约瑟夫回来了，还带来一个会做欧洲餐饮的厨师。紧接着，欧洲著名的外科名医劳顿堡博士也忽然不声不响地出现了，同时带来令阿尔贝特十分高兴的大礼：一位瑞典友人和一位丹麦友人，各送一艘新式快艇给阿尔贝特。瑞典人送的那艘已取好名字刻在船头，就叫“谢谢你”，表达对阿尔贝特的感激。

有了快艇，接送病人和运送医院器材及食物的工作变得方便许多。阿尔贝特受到鼓舞，觉得努力终于有了结果，世人已注意到这块被遗忘的大地，这么多志同道合的朋友来奉献帮忙，前景应是乐观美好的。目前最让他烦恼的是房舍问题。不仅病人越来越多，医生、护士和工作人员的总数也达数十位，宿舍和病房严重缺乏，但医院附近已经没有可以加盖房屋的空地了。阿尔贝特决定找新的土地重盖医院，并立刻付诸行动。

这段时间，兰巴雷内的居民常看到医生先生独自驾着快艇，在河上来来去去。有人忍不住掩嘴笑说：“医生先生像个孩子一样驾船戏水呢！”他们哪里知道，阿尔贝特是在找土地为他们建造新医院。阿尔贝特暂把计划放在心里，没有告诉任何人。

9. 生命的能量

阿尔贝特在奥果韦河支流上游三公里的岸边找到一块七十公亩的山坡。他爬到山丘顶端，居高临下地眺望，觉得这里风光如画、交通方便，还可建造码头供医院运送病人和货物，是块好地方。虽然像非洲的其他空地一样，这块地也是荒烟蔓草，但看上去并不难整理，于是他决定未来又新又大的医院就建在这里。因为此地是法国的领土，阿尔贝特找当地官员向法国政府申请执照，待手续办完后，他赶回到医院，召集全体同仁宣布了这个建新医院的大计划。

这个计划先使众人吃了一惊，紧接着就被掌声与欢呼取代。没有人会怀疑阿尔贝特的决心和毅力，大家担心的是，建造一所大型医院需要太多的精神和体力，年过半百的医生先生承受得了吗？阿尔贝特听了，笑着说："我还没老。请相信，我有足够的生命力，非把医院建成不可。”

阿尔贝特胸有成竹地指挥众人：“工具都准备好了，镰刀、锄头、长锯已经放在工地。从此刻起，除了值班的医生、护士外，谁有空就到工地上去垦荒。餐饮由医院供应。有快艇‘谢谢你’在码头上备用，还有独木舟都可往返载人。好了，我们与艰难搏斗的时刻来了。”

每天一大早，阿尔贝特就带着一群人，包括病人的家属，乘着几艘船到三公里外的工地去开垦。为了防止大家厌烦这个费力而又枯燥的工作，阿尔贝特时不时幽默地鼓励大家。有时他带头唱当地的山歌，众人和着，歌声响彻云霄；有时他也会用半法语半土语讲笑话，逗得白人和黑人全都哈哈大笑。

一天，阿尔贝特正弯腰除草，累得气喘吁吁，突然见到“谢谢你”号载来一位白人青年。那青年和阿尔贝特热烈握手，并自我介绍。原来他是个瑞士人，因为在报上读到一篇有关兰巴雷内的报道，知道阿尔贝特正在建造新医院，便赶来帮忙。

他说：“连个建筑师都没有，盖出来的房子会好用

吗？我叫夏慈曼，是瑞士工业大学毕业的建筑师，我是特地来帮忙造医院的。”

阿尔贝特听了非常高兴，说：“亲爱的夏慈曼先生，你真是上帝派来的使者。”

杂草终于除尽，现在这七十亩的土地看上去是片可爱的大斜坡。为了防止毒蛇和害虫的侵犯，房子仍得造在一米来高的木桩上。医院规模不小，需要粗大的木桩数百根，每根还要锯得一样长。挖坑、锯树、烧掉树皮、搬运，工程十分浩大，人人喊累，只有阿尔贝特总是精神抖擞，每天从早到晚地指挥工程。他的口袋里总是揣着一张自己画的图，不时掏出来看，或与夏慈曼研究讨论。

1927 年初，新医院终于盖成了。一栋栋铁皮顶的木板屋造得比以前美观、坚固、合用，有诊疗室、候诊室、手术室、普通病房、重病病房，白人、黑人的病房还得分开。

对这种举措，年轻的夏慈曼表示不满：“医生先生，我一直认为您是位伟大的人道主义者，在您的心里应该是人人平等，不应有黑白之分。您把病房分为黑人病房和白人病房，我觉得很失望。”

“亲爱的小朋友，我的想法和你完全一样，可是这里的其他白人并不这样想。如果不分，他们就会情愿待在家里也不来治病。我想，今天的世界还没发展到那个阶段。让我们暂且容忍，将来一定会有那一天，全人类能不分颜色、种族地融合在一起。”阿尔贝特的态度很诚恳，夏慈曼便不再批评。

新建的医院除了力求适应当地环境，也尽量做到物品应有尽有，譬如在每张病床挂上白纱蚊帐。此外，还做了一个别家医院都没有的规划：开辟一处规模不小的农场。这也是阿尔贝特想出来的主意。他认为，医院里的工作人员加上住院病人众多，需要的粮食不少，到市场上买不只昂贵，也很麻烦，最好的解决方法就是自己辟个农场种香蕉、玉米、蔬菜、小麦等。他又建了鸡舍，养殖肉鸡和下蛋的母鸡；也养了奶羊，使得病人能喝到营养丰富的羊奶。照顾农场的是四名原住民，算是医院编制内的职员。

新医院已准备好了。1927 年 1 月 27 日，阿尔贝特乘着快艇，率领医院人员大搬家，连续几天他都在河上指挥

一切。当最后一批病人和物品运送完，累得腰酸背痛的阿尔贝特站在快艇上望着丛林掩映间，一栋栋色彩鲜明的铁皮顶木屋和忙上忙下的人群，满足快乐的情绪让他不自觉地笑出声来。

"医生先生这么开心呀！"旁边的护士小姐调侃道。

"哦，我真的高兴。赤手空拳地来，做出今天的成绩，也算不错了，可以为非洲做更多的事情了。"阿尔贝特又朝岸上遥望片刻，"你看这片医院的新房子，像不像咱们德国的度假村。"

"真的很像，"护士小姐听得出来阿尔贝特话中的乡愁，善解人意地说，"医生先生，您太累了。现在有足够的医生可以处理院务，您就回欧洲休息一阵吧。"

"哦，真的，我已经三年没见到女儿蕾娜了。她都八岁了。"阿尔贝特悠悠地说。

9月，阿尔贝特将医院交给几位医生和护士长，凡事都做了妥善安排，就动身回欧洲。他觉得自从来到非洲，心情从未像此刻这么轻松过。阿尔贝特的父亲于1925年去世，他们家原本住的牧师公馆现在换成继任牧师居住，因此他没有回到故乡甘斯巴赫，而直接到海伦娜和女儿居住的堪尼斯佛特城去。蕾娜果然长高了不少，说起话来也有条有理，阿尔贝特惊喜地把她抱在怀里，直呼："我的女儿快出落成大姑娘了，爸爸都快不认得了。"一家人久别重逢，非常开心。

"亲爱的，已有几封从兰巴雷内寄来的信在等你了。"阿尔贝特从海伦娜手中接过信一看，面色凝重起来。信中说，兰巴雷内的饥荒与赤痢流行的情形又趋严重，每天平均有三百个病人等待治疗，医生和护士严重不足，药品的消耗量也远远超出预期，所以要阿尔贝特在欧洲尽快寄药品去，也要他找医务人员前去支援。

阿尔贝特没有一句怨言，立刻四处联络，打算以开演奏会和演讲的方式募款。几天后，他便开始整个欧洲的巡回之旅。旅途中，即使在车船上，他也不肯浪费光阴，随时拿出书稿来撰写。他的足迹遍布欧洲的所有大城市，动人的演奏与演讲征服了每个人的心，"阿尔贝特·施韦泽"这个名字成了伟大的代名词。

1928 年，著名的法兰克福"歌德奖"颁给了阿尔贝特，各地的“施韦泽博士之友会”也纷纷成立，他们呼吁：“一切婚丧生日纪念日，请不要送花送礼，把省下的钱捐给阿尔贝特·施韦泽博士设在兰巴雷内的慈善医院。”

阿尔贝特人在欧洲日日奔走，无暇休息，心里一直惦记着兰巴雷内。1929 年 12 月，他带着大批药品和医疗器材，与妻女及一位女医生、一位助理，第三度前往非洲。一路上他仍忙着写作，十多年来他未曾间断对圣保罗的研究，现在正将心得整理出书，定名为《使徒保罗的神秘主义》。在抵达兰巴雷内前夕终于完成全书。

此次赴非后到 1937 年的八年里，阿尔贝特三度回到欧洲。其间，他得了无数的神学、医学、音乐学之类的荣誉博士学位。1938 年是医院创建二十五周年纪念，为了表示对阿尔贝特伟大情操的敬意，居住在奥果韦河流域的白人集资九万法郎，要买一套 X 光设备送给医院。当他们告诉阿尔贝特这个想法时，阿尔贝特却有不同的意见：“现在不需要新的 X 光设备，急需的仍是药品。”于是，他们就把这笔款项拿去买了大批药品。幸亏阿尔贝特有先见之明，否则不久后第二次世界大战爆发，医院又会发生药品欠缺的困境。

1939年，阿尔贝特在返欧途中，从广播里听到希特勒占领捷克的消息，知道一场大战在所难免。他是一位反对杀戮和侵略的人道主义者，希特勒政权的表现令他十分失望与厌恶。回到故乡，他把家人安顿好之后，便匆匆返回非洲，与非洲的同胞们站在一起，共同度过战争困境。战争期间，院里大部分的医生都离开了，偌大的医院就靠年老的阿尔贝特和一位助理医生支撑。幸好药品的来源不成问题，当储存的药品快用完时，美国、英国、瑞典等国便及时地运来最新出厂的药。阿尔贝特在非洲的工作已是全世界关注的焦点。

1945年1月14日是阿尔贝特七十岁的生日，医院的同仁替他开了简单的庆生会，欧洲各国亦纷纷通过广播祝贺。阿尔贝特从收音机里听到人们的祝词和自己曾在音乐会上弹奏的巴赫乐曲，感到非常欣慰。虽然战争仍在进行，但已接近尾声，希特勒失败的命运已经可以预见。

同年的5月，战争终于结束了，德国的几个大城变成一片废墟，国土被分割成东西两部分，人民生活困苦、物资缺乏。阿尔贝特对祖国十分关怀，可是仍把所有的时间和精力放在兰巴雷内。

这时，奥果韦河流域忽然流行起麻风病，他用尽全力救助病人，并计划建麻风病院，让麻风病人全家人住进来，免得细菌越传越广。

七十多岁的阿尔贝特满头灰发，连眉毛都白了，微微佝偻着背，步履缓慢，虽然还是像平日那样不停地工作，包括建房子、修桥、筑路、刷墙、修抽水机、照顾农作物，甚至搅拌混凝土等，但人人都看得出，他真的老了。病人改口叫他"老医生先生"，医院的同仁则称他老博士。大家都劝阿尔贝特多休息、少工作，他却说："生命是勇往直前的，怎么可以停顿。告诉你们一个秘密，工作是我最快乐的时刻，哈哈！"

由于不停地改善、扩充、修建，医院的设备越来越齐全。1947 年，这里已有房舍四十五栋，医生、护士等工作人员一百余人。已经十年没离开非洲的阿尔贝特现在可以放心地离开了。这一年，他与回故乡养病的妻子会合，两人再一同前往美国。美国各界曾经几次捐赠药品，阿尔贝特心怀感激，所以欣然接受邀请前去演讲，并向那些还没见过面的美国朋友致谢。

美国各界对阿尔贝特极为景仰，用热情而充满敬意的方式迎接他，每次他的演讲都能吸引大批听众。1949 年正好是德国大文豪歌德的两百岁冥诞，阿尔贝特就用《歌德的人生和成就》当作讲题。他对歌德的研究向来专精，口才又是一流，演讲的内容深入浅出、生动幽默，整整两小时的演讲，听众们都听得聚精会神。阿尔贝特有本事把最无趣的话题说得趣味盎然，难怪被誉为最会演讲的人。举世闻名的大作家罗曼·罗兰也是他的好友，就戏称他为“哄笑的雄狮”。

美国之行为阿尔贝特带来许多实质的赞助，不必开口，各方便送来不少捐款。阿尔贝特仍像以前一样，将捐款用来订购大批药品。他调侃自己说：“我是药厂最忠实的主顾。为了孩子们，我需要这么做，否则他们就糟了。”他所指的“孩子们”，指的是兰巴雷内的全部居民，晚年的阿尔贝特习惯这样称呼他们。兰巴雷内人也对他敬爱有加，常常在背后称他为“神”“最好心的神”。每当阿尔贝特听到这样的称呼，就会说：“我不是神，只是一个把神的爱带给你们的人。”

阿尔贝特的崇高形象、受爱戴的程度，让那些教会派来传教的神职人员也不禁感慨，说：“当初约法三章，规定施韦泽博士只可行医不可传教，他也真的谨守诺言从不传教。可是谁能否认他是一个最成功的传教者。是他，让耶稣精神在非洲生根。”

这话说得不错，阿尔贝特虽然从不传教，也不总是保持笑容、言语温和——当居民们做错事却又不肯改正时，他会用严厉的态度训诫，但他为人诚恳正直，那颗充满爱的心人人都能体会到。对那些曾被世界遗忘的非洲大陆偏僻角落的居民来说，在这个世界之上，阿尔贝特·施韦泽是最值得爱与尊敬的人。

10. 爱心永存人间

阿尔贝特似乎不知道自己是当代的名人，仍像过去数十年一样，每天辛勤地工作、写书、思考和照顾动物。医院一角养着小猩猩、山猪、猫、狗等动物，它们都可以自由自在地在院子里活动。他所疼爱的羚羊和鹦鹉就在他书房的廊下，被他视为珍宝的两条漂亮的热带鱼离他最近，养在书桌旁边的鱼缸里。他不仅关心这些动物的生活与健康，诊疗病人的工作也未完全停顿。虽然已有足够的医生可负担起全部的医疗事务，但当一些老病人指名要找“老医生先生”时，阿尔贝特便毫不犹疑地挂上听诊器，然后对病人说：“你要信任别的医生，他们和我一样好。我快要八十岁了，不能再拿手术刀了。”

许多欧洲国家成立了“施韦泽之友会”，有的直接叫“兰巴雷内医院后援会”，他们把捐来的款项寄到兰巴雷内，支持阿尔贝特建造麻风病院的计划。阿尔贝特决心要与麻风病作战，即使不能彻底消灭，也要阻止它继续蔓延。他像个建筑师，又像个木匠、水泥匠，总之，他和建房子的工人没什么分别。他曾洋洋自得地说：“我什么活都会干。”每当那些工人听他这样说，都一致附和：“对，老医生先生已经像一个职业的造屋工人，什么事都能自己动手。”可是当阿尔贝特要爬梯子上屋顶时，他们又急忙跑过来挡在面前说：“不行，老医生先生，您什么都能做，但就是不能爬梯子上屋顶。”

1953年10月11日，阿尔贝特正拿着大铁铲，弯着腰吃力地搅拌地上的混凝土，脑子里想的是有关人类文明的问题。另一位施韦泽医生——阿尔贝特远从德国来这儿服务的侄儿，忽然气喘吁吁、满脸笑意地跑来说：“伯伯，您怎么还在干活呀？院里正在开香槟庆祝，大家都乐翻了。”

“乐翻了？为什么呀？”

“为您呀！伯伯，您是诺贝尔和平奖的得主！1952年的诺贝尔和平奖。收音机刚传来的消息。”

阿尔贝特愣了一下，接着微笑着问："1953年获得1952年的诺贝尔和平奖？你没弄错吧？"

"绝对没错。1953年的得奖人是美国的马歇尔将军。您快放下铲子，回去庆祝吧！"

"不行，我得先把混凝土搅好。"

"哎呀，别人搅还不是一样，您就快回去吧！"侄儿不听他说，拉着阿尔贝特就走。

阿尔贝特·施韦泽的得奖获得全世界的赞誉与肯定，各国总统、国王、名人及朋友的贺电如雪片般飞来，一致表示对他的推崇与景仰。

有个美国记者特地千里迢迢前来采访，开门见山地问他："请问你要怎么使用这笔奖金？博士先生。"

"记者先生，你知道我正在建造一个可容纳两百五十个病人的麻风病院，很担心经费不足，有奖金的话，问题就解决了。"阿尔贝特诚恳地说。

1953年11月4日，阿尔贝特和妻子海伦娜同赴挪威领奖，并发表内容精辟动人的演说，题目是《今日世界的和平问题》。

阿尔贝特已名满天下，年纪也确实很大了，但他的性格一生都没改过，总是自信、刚强、不畏难，就像他自己说的："只要活一天就要做事。"他对全人类的关怀、要助人救世的热情，丝毫不因年老而有所减退。

1957年4月，他发表《制止原子弹试爆声明》，挪威首都奥斯陆的电台以五种语言播出。当时一些强权大国还不能接受他的想法，但今日全球已全面禁止原子弹试爆。由此可见，阿尔贝特是一位具有先见之明的智者。

让阿尔贝特非常困扰的是妻子海伦娜的健康问题。海伦娜的年纪与阿尔贝特差不多，也是近八十岁的老人，但是她没有阿尔贝特的硬朗和活力，对于非洲的热带气候也始终无法适应，整年被病痛折磨，阿尔贝特无法帮助她，只能劝她回欧洲休养，夫妻俩常常得远距离分离。

1957年5月初，海伦娜的病情变得严重，赤道的炎热空气让她感到呼吸困难。阿尔贝特知道妻子病得不轻，连忙派人护送她回欧洲，到瑞士女儿处休养治疗。海伦娜一到瑞士，女儿蕾娜就把她送进苏黎世的医院。然而先进的医药也救不了重病的海伦娜，她最终在6月1日离开了人间。

阿尔贝特在兰巴雷内接到这个不幸的消息，悲痛得老泪纵横。回想年轻时在萨尔斯堡相识，两人相知相惜，海伦娜一开始就赞同他远赴非洲的计划，后来也不顾大家的反对跟他来了。海伦娜深知自己的丈夫不是一般人，不可能只属于一个女人或一个家庭，他是大众的，甚至是全人类的。虽然在非洲极尽辛苦，她也从不埋怨。结婚四十五年，夫妻聚少离多，相隔数年才再见，对他们来说是极寻常的事。每次海伦娜从欧洲回兰巴雷内，带的不是时装和太太们最爱的时髦帽子，而是医院用的药品器材。这一切的付出是多么深情可感啊！

海伦娜的死对阿尔贝特是个沉重的打击，但他仍是那个永不会被击倒的人。他请人将海伦娜的遗体运到兰巴雷内，葬在自家屋前的椰子林里，让他和妻子长相厮守。他也逐渐恢复了生活的节奏，著书、深思、散步、建麻风病院、回复各地的来信等。由于年纪太大，他已很少去旅行，各国邀请他去演讲，他也一一婉拒。住在瑞士的女儿隔些时候便会带着孩子来探望他。蕾娜生有三女一男，个

个活泼健康，看着外孙们在林间追逐嬉戏是阿尔贝特最快乐的时刻。

麻风病院早已建好，一共有二十几栋大屋子，果然如计划般可以容纳两百五十个病人。病院建得很有规模，房舍之间种植花草树木，色彩缤纷。远远看去不像令人惧怕的麻风病院，倒像一座美丽的小村庄。

1913 年，阿尔贝特和海伦娜凭借一腔热血，携带为数不多的募款，到兰巴雷内来开设医院，到 1963 年恰好是五十周年，世界各地都寄来贺函、贺电或捐款。八十八岁的阿尔贝特已经须发霜白，听力衰退，背佝偻得更严重了，说话也不像以前那么洪亮，声音低沉、有气无力，步履缓慢。

他已完全不再为病人看病，闲来无事就坐在廊下的摇椅上，深思人类文明的问题——这是他一生穷究的问题。有时想着想着就打起瞌睡，他也真的很疲劳、很困倦了，但睁开眼睛看看四周高高低低的建筑物，想起五六十年前的理想：要为非洲被遗忘的人建所医院，要救治生了病无处投医的病人，要减少婴儿的死亡率，让那片黑色大地上的孩子能和地球上其他孩子一样健康地成长，还要改善他们的生存环境，教他们做人的道理，告诉他们学习和教育的重要性，如今看来，大部分已经实现了，这也让他感到安慰。

迟暮之年的阿尔贝特常常会想起故乡甘斯巴赫，闭上眼睛，脑子里就会出现一幅图画：一个文雅的男孩站在绿色的山冈上眺望，好像要从那儿望遍全世界。那是自己，一个生来就喜欢思考的孩子。时间过得真快，八十八个年头过去了，曾经年轻的海伦娜也已长眠于地下。不下雨的日子，他总会在夕阳西下时到她墓前献上一束花。

1965 年 1 月 14 日是阿尔贝特的九十岁生日。各国召开盛大的庆祝会，电台、报纸都发表专文祝福。在兰巴雷内的寿星阿尔贝特只接受了简单的祝贺。清晨起来，欧尼帮他换上熨烫平整的衣裤，理理发，修修胡须，阿尔贝特对着镜子调侃说："我看镜子里的老男孩很不错呢！"

"老医生先生，您永远是年轻的，谁也比不了。"欧尼笑嘻嘻地开玩笑说。

早餐前，阿尔贝特和往常一样先做祷告，餐后在院子里剪下一束野花，到椰子林里的亡妻墓前，念念有词地说：“海伦娜，今天是我九十岁的生日，真够老啦！最近我总觉得没来由的疲倦，想睡觉，也许不久就去找你了。你已等了我八年，也许不耐烦了吧。别认真，我是逗你的，你一生从来就没不耐烦过。海伦娜，我们相识五十多年，结为夫妻四十五年，在一起的时间加起来也许不足十年，实在是聚少离多。我知道你不会怪我，因为你了解我，我不能不为人间做点事。再等等，我们会永远在一起的。”

阿尔贝特给妻子上完坟回到医院，只见医院同仁全穿着白色制服，还有以前的病人、传教办事处的朋友，在翠绿的山坡上排了一列队伍，一起唱生日快乐歌。阿尔贝特连声道谢，迈着蹒跚的步子踱入屋内，看见一个点满蜡烛的大蛋糕摆在桌上。他感动得眼泛泪光，缓慢低沉地说了几句话：“亲爱的朋友，没有我在先，你们不会来非洲。而我，不过是在二十一岁那年偶然有了一个想法，要把三十岁以后的岁月献给被遗忘的、无助的人，就远渡重洋来到兰巴雷内。这块温暖的大地是我永远的故乡。我最初的想法只是一颗理想的种子、一粒麦芽。可见一粒麦芽足可长成良田。亲爱的朋友，请把这片良田永远耕耘下去。这片土地上的人是我们的兄弟姐妹，不要把他们遗忘。唯有爱与和平才能拯救人类，战争与杀戮只会制造仇恨。谢谢大家为我祝寿，我此刻的心静如止水，对自己的生命了无遗憾。”

阿尔贝特的讲话在如雷的掌声中结束，之后他的生活倒真像他自己形容的“心如止水”。每日安详地靠在长廊的摇椅上，慢慢地摇呀摇，偶尔停下来，悠悠地眺望远方。8 月底，他连摇椅也坐不住了，默默地躺在床上。老医生先生病重的消息在奥果韦河沿岸迅速地传开了，居民都很担忧，有人从数百里外驾着独木舟，到兰巴雷内来打听消息。

“老医生先生真的病了吗？”他们担心地问。对兰巴雷内及周边的民众来说，阿尔贝特就是保护他们长达半个世纪的神，如果这神撒手而去，整个世界便会变了样。焦急与茫然写在他们的脸上。然而，该来的终是要来的，他们全心尊重敬爱的老医师先生正迈向死亡。

1965 年 9 月 4 日，衰弱的阿尔贝特已呈弥留状态，

他偶尔睁开眼睛，也无力说话。他的独生女蕾娜和追随他多年的医院同仁静悄悄地围绕在床边。院子里、山坡上、树林边，站满从各处赶来的民众，他们含着泪，不发一语。黄昏时，阿尔贝特·施韦泽终于咽下最后一口气，告别他热爱的奉献一生的人间。

昏暗的天色里，鼓声隆隆响起。沿河的居民早约定好，当医师先生过世时，要用击鼓的方式传递消息。那晚天气晴朗，月明星稀，鼓声一个村庄一个村庄地传下去。寂静的大地上，每个人都听到了那回荡着的沉重而忧伤的隆隆鼓声。

阿尔贝特·施韦泽的一生得过无数荣誉和奖项，著作等身，集宗教家、哲学家、音乐家、医生的头衔于一身，但他从不以此夸耀。他把每一份收入和募集来的钱都用在兰巴雷内的医疗工作上，自己过的却是最俭朴的生活。无论在非洲还是欧洲，他的屋子里都只有一张床、一张桌子、两个书架和几把椅子。

施韦泽去世后，他的女儿蕾娜和那些工作伙伴继续经营医院，兰巴雷内的施韦泽医院至今仍存在。此外，在阿尔贝特的故乡有个“施韦泽之家”，那是当年他用“歌德奖”的奖金成立的“施韦泽驻欧洲办事处”。他每次从非洲回欧洲就住在那儿。如今“施韦泽之家”改建为纪念馆，去参观凭吊的访客络绎不绝。

英国哲学家罗素说：“世间真正无所求而单纯献身的人太少。在我们的时代里，施韦泽博士几乎是我仅见的一位真正充满善意、爱心，献身于世的人。”

用这句话为阿尔贝特·施韦泽盖棺论定很是贴切。一个真正伟大的人物无须自己宣传，他为人间付出的爱自会长存于人心。伟大的人道主义者阿尔贝特·施韦泽值得我们永远感谢、学习。

施韦泽小档案

1875 年　出生在德、法边界的阿尔萨斯。父亲是一位副牧师，母亲是家庭主妇。

1884 年　小学毕业，就读米尔豪森中学，寄住在叔公家。

1890 年　正式拜明希为师，向他学习管风琴。

1893 年　向法国管风琴大师维多尔学琴，同年入萨尔斯堡大学就读。

1902 年　成为萨尔斯堡大学神学系讲师。

1905 年　出版法文版《巴赫传》，同年告知父母要前往非洲行医的志向。

1912 年　与海伦娜·布雷斯结婚，两人为前往非洲医疗募款。隔年抵达加蓬的兰巴雷内，在当地设立简易的诊所为居民治病。

1917 年　因为德国籍身份，被遣往法国的俘虏营。隔年回到家乡甘斯巴赫。

1924 年　再度前往非洲，并重修医院。夫人海伦娜因健康及家庭因素未能同行。

1927 年　新医院落成。此后来往欧、非多次，四处演讲、募款。

1939 年　第二次世界大战爆发后，为节省开支，医院除重症病人外，全部送回家。

1945 年　七十岁生日，欧洲各国通过广播祝贺他的生日。同年第二次世界大战结束。

1949 年　首度访问美国，逢歌德两百岁冥诞，以《歌德的人生和成就》为讲题演讲，获得极大的反响。

1953 年　获 1952 年度诺贝尔和平奖。

1957 年　妻子海伦娜于瑞士病逝，遗体运回非洲，安葬于兰巴雷内。

1963 年　兰巴雷内医院庆祝建院五十周年。

1965 年　9 月 4 日，以九十岁高龄病逝，安葬于海伦娜的墓旁。